BUCH&media

Jens-Uwe Martens

Schatzkiste für graue Tage

Wie man zum Gestalter seines
eigenen Lebens wird

Mit Illustrationen von Don

BUCH&media

Weitere Informationen über den Verlag und sein Programm
unter www.buchmedia.de

Bibliografische Information der Deutschen Nationalbibliothek
Die Deutsche Nationalbibliothek verzeichnet diese Publikation in der Deutschen Nationalbibliografie; detaillierte bibliografische Daten sind im Internet über http://dnb.d-nb.de abrufbar.

August 2010
© 2010 Buch&media GmbH, München
Umschlaggestaltung und Layout: Kay Fretwurst, Freienbrink
Herstellung: Kessler Druck + Medien GmbH & Co. KG, Bobingen
Printed in Germany · ISBN 978-3-86520-371-7

*Ich widme dieses Buch all den Menschen,
die es mir ermöglicht haben,
die Geschichten zu erleben,
von denen ich hier berichte.
Auch wenn sie hier namentlich nicht erwähnt sind,
werden sie so lange ich lebe in meinem Herzen sein.*

Inhalt

Einführung 11

Gestalter seines Lebens sein

»Ich kann nicht« gibt es nicht!
Eine außergewöhnliche Begegnung in Südafrika 19

Muhammad Yunus: Ein Gestalter bekommt
den Friedensnobelpreis
Wie man mit einer Idee die Welt verändert 27

Die beinahe verpatzte Urlaubsreise
Alltägliche Erfahrungen im Umgang mit widrigen
Umständen 34

Es gibt immer eine Gelegenheit
Es lohnt sich, die Verantwortung für die eigene
Entwicklung zu übernehmen 40

Eine unerwartete Belohnung
Es lohnt sich, der zu sein, der man ist 44

Die Lehrerin aus Kalkutta
In einem Unglück eine Chance sehen 47

Sprachklippen erfolgreich umschifft!
Wie ich mich von meinen Fesseln befreite 49

Lieben ist ein Tätigkeitswort
Also *tun* Sie es! 53

Kätzchen oder Äffchen?
Was tun, wenn uns das Schicksal beutelt? 56

Der Spiegel
Welches Bild machen wir uns von uns selbst? 57

Keine Probleme?
Alles eine Frage der Ansicht 66

Probleme überwinden

Spielsachen in der Garageneinfahrt
Aus Ärger wird Glück, wenn wir unsere Sichtweise ändern   69

Wer darf Sie ärgern?
Vom Umgang mit ungerechten Angriffen 73

Gut und böse zugleich
Wo liegt die Wahrheit? 77

Glück oder Unglück?
Die Kunst, die Dinge in der richtigen Perspektive zu sehen   80

Vom Mut, es zu wagen
Chancen erkennen und nützen 83

»Er ist jede Minute bei dir««
Die vergessene Tasche oder: Gibt es Engel? 86

Gedankliche Vorbereitung kann helfen
Ein psychologisches Experiment 91

»Mir grauet vor der Götter Neide«
Wie kann man glücklich sein, wenn das Schicksal zuschlägt?   94

Der Traum
Wer entscheidet über unser Schicksal? 99

Dem Leben neue Richtung geben
Kann man – darf man sich von einer Liebe befreien? 102

Falsches Mitleid
Manchmal ist der Kampf notwendig 109

Das »tragische Geschenk« des Jim MacLaren
Wie viel kann ein Mensch ertragen, bevor er aufgibt? 111

»Mach jedes Hindernis zu einer Gelegenheit!«
Wie Lance Armstrong seine Krankheit besiegte 116

Die innere Stärke des Nelson Mandela
Erfahrungen auf Robben Island 122

Der Sinn von Kummer und Schicksalsschlägen
Eine Antwort auf die Frage:
»Warum musste mir das passieren?« 126

»Warum steigen Sie nicht aus?«
Manchmal ist es Zeit für Richtungswechsel 128

Ein positives Bild von sich selbst und vom Leben haben

Der angekettete Elefant
Wie wir Einstellungen aus der Kindheit übernehmen 131

Unser Bild vom Leben
»Schlechte Karten« für falsche Verhaltensweisen 133

Das Vogelei
Unsere Aufgabe ist es, zu dem zu werden, der wir sind .. 135

Die Trinkerkatze
Enttäuschte Erwartungen können die Seele zerstören ... 138

Irrtum
Vorsicht gegenüber den Einstellungen und Erwartungen unserer Eltern 142

Die Kraft der Liebe
Ehen werden im Himmel geschlossen 144

Glücklich sein

Erfolgreich leben
Eine kurze Zen-Weisheit 149

Armut und Nächstenliebe in Südafrika
Wie reich muss man sein, um geben zu können? 150

Die »richtige« Sichtweise auf das Leben
Wie das Unglücklichsein über die Welt kam 155

Der Bürgermeister
Manchmal müssen wir innehalten, um den unseren Weg zu überdenken 159

Die zwei Seiten des Schicksal
Die Geschichte des Wirtes des Gasthofes »Zur Post«
in Wessobrunn 162

Peter und der Zauberfaden
Von der Freude an der Gegenwart 165

Der Kreis der Neunundneunzig
Wovon ist es abhängig, dass wir glücklich sind? 169

Anhang
Herkunft der Geschichten 173

Literaturverzeichnis 175

> *»Existieren heißt,*
> *sich sein eigenes Dasein zu erschaffen.«*
> Jean-Paul Sartre

Einführung

Wir haben die Wahl. Wir können das Leben erleiden oder es nach unseren Vorstellungen gestalten. Wir können auf die schönen Dinge des Lebens schauen, auf die Dinge, die uns stärken, unser Herz bereichern und mit positiven Gefühlen erfüllen, oder wir können zulassen, dass die Dinge in den Vordergrund unseres Bewusstseins rücken, die uns ärgerlich machen, die Missgunst und Hass in uns auslösen, uns aggressiv oder depressiv werden lassen.

Die meisten von uns müssen sich entscheiden, müssen wählen. Natürlich gibt es Menschen, die wirken, als würden sie seit ihrer Geburt die Welt in rosaroten Farben sehen, Menschen, die in uns durch ihre Tatkraft und ihren Optimismus Neid oder Bewunderung auslösen.

Und dann gibt es noch die anderen Menschen, die wie ein wandelndes Elend durchs Leben laufen, die immer Pech haben und bei denen man sich sicher ist, dass sie in diesem Leben »auf keinen grünen Zweig« mehr kommen und sich nicht mehr ändern werden.

Die meisten Menschen allerdings liegen zwischen diesen Extremen. Sie kennen positive Tage, in denen sie das Leben als Quelle von Freude erleben, in denen sie voller Tatkraft sind und (fast) nur positive Erlebnisse haben. Aber sie kennen auch die negativen Stimmungen, wenn sie das Leben als eine Last empfinden, die sie kaum tragen können, wenn sie kaum die Kraft haben, den Tag zu überstehen, wenn ihnen nur Negatives widerfährt und nichts gelingt.

Sie schwanken zwischen Stimmungen, die durch zwei Zitate deutlich werden:

»Das Leben ist köstlich, man muss nur den Mut haben, sein eigenes Leben zu führen.«

Peter Rosegger

»Die Absicht, dass der Mensch glücklich sei, ist im Plan der Schöpfung nicht enthalten.«

Sigmund Freud

Nun liegt die Annahme nahe, dass diese unterschiedlichen Stimmungen von außen bestimmt sind. Es scheint ganz einfach zu sein: Wenn einem etwas gelingt, wenn man Glück hat, wenn einem Positives widerfährt, dann ist man guter Dinge. Wenn dagegen alles schief geht und Erfolgserlebnisse oder positive Beziehungen in weite Ferne gerückt sind, dann hat man diese negativen Stimmungen, aus denen man sich nicht oder nur sehr schwer befreien kann, die einen lähmen und die jede Tat zu einer Kraftanstrengung werden lassen.

Wissenschaftliche Untersuchungen sagen etwas Anderes: Selbst Menschen, die große gesundheitliche Einbußen erleben, berichten ein oder zwei Jahre nach dem Beginn der Beeinträchtigung, dass sie wieder so glücklich seien wie zuvor. Viele Menschen in den Slums von Südafrika sind fröhlicher als die Menschen in den Städten der Wohlstandgesellschaft.

Sind wir also nicht von äußeren Einflüssen abhängig? Natürlich sind wir das. Aber wir haben auch die Wahl. Immer wieder zeigen uns Menschen, dass wir uns von unserem äußeren Schicksal lösen und es damit vielleicht auch beeinflussen können. Dass wir in der Lage sind, die Farbe unsere Innenseite und damit die Farbe unseres Lebens selbst zu gestalten.

Einige dieser Menschen haben ihren Weg in Büchern beschrieben und sind dadurch berühmt geworden:

- Lance Armstrong, der mit einer bewunderswerten Einstellung seinen Krebs besiegte.

- JIM MACLAREN, der zweimal beim Sport in einen Unfall verwickelt wurde und so nicht nur sein Bein verlor sondern letztlich im Rollstuhl landete und es trotzdem vermochte, seinem Leben einen neuen Sinn zu geben.
- NELSON MANDELA, der 28 Jahre als politischer Gefangener inhaftiert war, davon 18 Jahre in einer winzigen Einzelzelle auf einer Gefangeneninsel vor Kapstadt, und der nach seiner Freilassung der erste schwarze Präsident der Republik Südafrika wurde und keine Rache, sondern Versöhnung predigte.

Die Liste ließe sich noch lange fortführen, denn es gibt unzählige »Helden«, die sich von ihrem Schicksal nicht besiegen ließen und die nicht berühmt geworden sind. Von Einigen erfahren Sie in diesem Buch.

Freilich spüren die meisten von uns diese Kraft nicht, die für solche »Heldentaten« notwendig ist. Wir müssen etwas dafür tun, und es gibt Zeiten, da fällt uns das besonders schwer. Für solche Zeiten ist dieses Buch gemacht. Es enthält Gedanken, Erlebnisse, Einsichten, die helfen, das Ruder seines Lebens wieder in die Hand zu nehmen, wenn man es längst verloren glaubt. Es enthält Ergebnisse wissenschaftlicher Untersuchungen und Geschichten von Menschen wie du und ich, die zeigen, dass und wie man Gestalter seines Lebens sein kann – auch und gerade in schwierigen Zeiten. Es enthält Weisheiten berühmter und weniger berühmter Denker aus einigen Jahrtausenden, denn das Thema, mit dem wir uns in diesem Buch beschäftigen, gibt es, seitdem Gedanken von Menschen überliefert werden; vielleicht ist es gar so alt wie das Menschengeschlecht überhaupt.

Dieses Buch ist ein »Lesebuch«. Es ist nicht unbedingt dazu gemacht, dass man es von vorne nach hinten durchliest, wie man das mit einem Roman tut – obwohl man natürlich auch das tun kann. Es ist ein Buch zum »Schmökern«, zum Sich-inspirieren-lassen, zum Darin-blättern. Ihre rechte Hirnhälfte, die weitgehend unbewusst arbeitet und sich in unserer Intuition zeigt, wird Ihnen, liebe Leserin und lieber Leser, zeigen, welche Gedanken und Anregungen gerade jetzt für Sie wichtig und hilfreich sind. Lassen Sie sich durch das Buch treiben – und seien Sie offen für Inspiration, vertrauen Sie auf die Führung ihrer Intuition! (Die Herkunft der Geschichten und eine kurze Anmerkung zu den Autoren der Zitate finden Sie im Anhang des Buches.)

Es ist müßig, darüber zu diskutieren, ob wir tatsächlich unser Leben in der Hand haben, ob wir wirklich Gestalter unseres Schicksals sein können, wie das so viele Optimisten behaupten, oder ob wir uns das nur einbilden, ob unser Leben vielleicht sogar vorbestimmt ist, zumindest aber von so starken Außeneinflüssen bestimmt wird, dass wir dagegen nichts ausrichten können. Für das, was wir – der Autor und die Künstlerin, die dieses Buch illustriert hat – erreichen wollen, ist das alles nicht entscheidend. Es geht darum, wie Sie sich auf dem Weg durch das Leben fühlen, wie Sie Ihr Leben erleben – denn das ist Ihre persönliche Realität.

Ich selbst habe relativ spät in meinem Leben erfahren, dass man das Steuer seines Lebens in die Hand nehmen kann, dass es wesentlich darauf ankommt, welche Einstellung man gegenüber dem Leben hat, und dass man selbst diese Einstellung bestimmen kann.

Ich habe mich lange beruflich mit den Themen »Erfolg« und »Gestaltung des eigenen Lebens« beschäftigt und wenn mich meine Umgebung fragt, ob sich dadurch mein Leben verändert habe, dann antworte ich immer: »Ich kann das nicht mit Sicherheit sagen, denn ich kann keine zwei Lebenswege vergleichen, ich gehe nur einen. Aber ich kann das Lebensgefühl, das ich hatte, bevor ich mich mit diesen Gedanken beschäftigt habe, vergleichen mit dem von heute. Und ich kann mit Sicherheit sagen, dass mein Leben eine neue hellere Farbe bekommen hat und dass ich mit großen oder kleinen Rückschlägen besser fertig werde.«

Es wird hier keine Heilslehre verkündet, die Sie glauben müssen, es wird eine Sichtweise nahe gelegt, die Sie ausprobieren können.

An dieser Stelle möchte ich die schöne Geschichte erwähnen, die man sich von Albert Einstein erzählt: Er bezog gerade seine neue Bleibe in seiner Wahlheimat Schweiz. Als er dabei war, ein Hufeisen über der Eingangstür seines Häuschens anzubringen, kamen zwei seiner Studenten vorbei. Überrascht fragten sie: »Herr Professor, Sie glauben an so etwas?« Einstein antwortete gelassen: »Nein, natürlich nicht!« Und nach einer kleinen Pause: »Aber ich habe gehört, es hilft, auch wenn man nicht daran glaubt.«

Genauso verhält es sich mit der Überzeugung, dass man Gestalter seines Lebens sein könne. Ob man wirklich daran glaubt, dass man damit etwas verändern kann, ist nicht entscheidend. Die Überzeugung hilft auch, wenn man nicht daran glaubt, sich nicht sicher ist, es aber für möglich hält und einfach durch die Art, wie man denkt und handelt, ausprobiert.

Denn:

»Du hast die Wahl:
Du kannst die Freude statt der Verzweiflung wählen.
Du kannst das Glücklichsein statt Tränen wählen.
Du kannst die Aktion statt der Apathie wählen.
Du kannst das Wachstum statt der Stagnation wählen.
Du kannst dich wählen.
Du kannst das LEBEN wählen.
Und es ist an der Zeit, dass man dir sagt, dass du nicht der Gnade von Kräften ausgeliefert bist, die größer sind als du.
Du hast in der Tat die größte Kraft für dich selbst in dir.«
Leo Buscaglia

Jens-Uwe Martens   München im August 2010

Gestalter seines Lebens sein

*»Gewiss ist es fast noch wichtiger,
wie ein Mensch sein eigenes Schicksal in die Hand nimmt,
als wie sein Schicksal ist.«*

Wilhelm von Humboldt

*»Der stärkste Eichenbaum des Waldes ist nicht der, der geschützt
vom Sturm und verborgen gegenüber der Sonne ist. Es ist der,
der offen steht, wo er dem Kampf ums Überleben, dem Wind
und dem Regen und der sengenden Sonne ausgesetzt ist.«*

Napoleon Hill

»Ich kann nicht« gibt es nicht!
Eine außergewöhnliche Begegnung in Südafrika

In Kapstadt kann man sich verlieben, auch wenn man nur aus geschäftlichen Gründen dort ist. Ich bin wie viele andere begeistert von dieser von Wind und Meer bestimmten Metropole und der weltberühmten Silhouette des Tafelbergs. Meine Zuneigung gilt aber nicht nur der herrlichen Natur Südafrikas, sondern gründet sich vor allem auf die Tatsache, dass ich dort besonders häufig außergewöhnliche Persönlichkeiten getroffen habe. Von einer solchen möchte ich hier erzählen:

Bei einem meiner Besuche lernte ich einen jungen Mann kennen, der mir bei einem Problem mit meinem Computer half. Er gehörte zu den Menschen, zu denen man sofort Kontakt findet, die man gerne wieder sehen würde. Ich kam also ins Gespräch mit ihm und erfuhr, dass er einer von vier Söhnen war, die alle erfolgreich im Computergeschäft arbeiteten. Angesichts der Arbeitslosenquote in Südafrika, die bei etwa 25 Prozent oder mehr liegt, keine Selbstverständlichkeit.

Auf meine Frage nach seiner Familie antwortete er mir mit einer Stimme, die seine positive Zuversicht, die er bis dahin ausgestrahlt hatte, verschwinden ließ:

»An meinen Vater kann ich mich kaum noch erinnern. Meine Eltern haben sich vor mehr als zehn Jahren scheiden lassen.«

»Wie kam es dazu?«

»Soweit ich weiß, hat mein Vater meine Mutter geschlagen, er hatte wohl Alkoholprobleme und konnte auch mit dem Geld nicht so richtig umgehen. Wir haben seit ewigen Zeiten nichts mehr von ihm gehört oder gesehen.«

»Und ihre Mutter hat Sie und Ihre Geschwister alleine großgezogen?«

»Ja, das hat sie!« Ich spürte, dass sich seine Ausstrahlung wieder zum Positiven änderte, er war auf einmal wieder stolz und voller Zuversicht. »Und sie hatte es nicht leicht!«

»Das kann ich mir vorstellen«, sagte ich voller Mitgefühl für die Familie.

»Es war noch viel schwieriger, als Sie es sich vorstellen können! Meine Mutter ist von Geburt an behindert. Sie kann nur sehr schlecht sehen und hat ein großes Problem mit ihrem rechten Bein, das deutlich kürzer ist als das linke und bei dem bestimmte Muskeln nicht angelegt sind.«

Eine behinderte Mutter zieht vier Söhne groß, von denen aus allen etwas geworden ist, und das in Südafrika, wo es sehr viel weniger soziale Absicherung gibt als bei uns in Deutschland. Ich war fasziniert und wollte mehr wissen.

»Kann ich Ihre Mutter kennenlernen?«

»Natürlich, hier, ich gebe Ihnen ihre Telefonnummer!«

Schon beim ersten Telefonat war ich von der Persönlichkeit dieser Frau beeindruckt.

»Einer Ihrer Söhne hat mir von Ihnen erzählt und ich würde Sie gerne kennenlernen«, sagte ich. »Ich bin Psychologe und beschäftige mich mit den Faktoren, die Menschen erfolgreich machen.«

»Ich denke nicht, dass ich sehr erfolgreich bin, aber wenn Sie wollen, treffe ich mich gerne mit Ihnen.«

»Am nächsten Dienstagabend?«, fragte ich.

»Da geht es leider nicht. Da habe ich eine Vorlesung. Ich absolviere ein Abendstudium.«

Ich war beeindruckt. Eine stark behinderte Frau im Alter von fast 50 Jahren (ich schloss das aus dem Alter ihrer Söhne) bildete sich noch fort. Wir verabredeten uns also für Mittwoch.

»Kann ich Sie irgendwo abholen?«, fragte ich.

»Das ist nicht nötig, ich komme in Ihr Hotel. Ich arrangiere das schon irgendwie! Also dann bis Mittwoch!«

Nachdem ich aufgelegt hatte, dachte ich nach. Hatte ich wirklich mit einer behinderten Frau gesprochen, die nur schwer gehen konnte, geschweige denn Rad oder Auto fahren?

Wir trafen uns in der Hotellobby. Eine kleine unscheinbare Frau, die sehr stark hinkte und der man ansah, dass sie aufgrund von Augenproblemen Schwierigkeiten mit der Orientierung hatte. Trotzdem erschien sie mir in keiner Weise unsicher. Sie hatte eine besondere Ausstrahlung, durch die sie sich von all den Menschen in der großen Hotelhalle unterschied – oder kam es mir nur so vor?

Ich stellte mich vor und wir gingen in ein Restaurant.

»Warum wollten Sie mich treffen?«, begann sie die Unterhaltung.

»Sie sind in meinen Augen wahrscheinlich der erfolgreichste Mensch in diesem großen Restaurant. Ich möchte wissen, wie Sie so geworden sind, wie Sie es geschafft haben, Ihre vier Söhne alleine und trotz aller Unzulänglichkeiten in einem Land wie Südafrika zu so erfolgreichen jungen Menschen zu erziehen.«

»Ich denke, Sie wollen mir nur schmeicheln. Ich habe einfach immer nur getan, was notwendig war.«

»Viele Menschen würden das, was Sie getan haben, nicht schaffen, sie würden es gar nicht von sich erwarten, es gar nicht versuchen. Was unterscheidet Sie von den Anderen? Warum haben Sie sich trotz all der offensichtlichen äußeren

Schwierigkeiten nicht unterkriegen lassen?«

Zuerst wusste sie mit der Frage nichts anzufangen. Sie hatte nicht das Gefühl, etwas Besonderes geleistet zu haben. Nachdem ich ihr aber meine Sichtweise deutlich gemacht hatte, rückte sie doch mit einem bemerkenswerten Erlebnis heraus:

»Es gibt da eine Erfahrung aus früher Kindheit, an die ich noch heute oft denken muss. Ich war drei Jahre alt. Ich kann mich genau daran erinnern. Ich war bei meiner Großmutter. Ich wollte aus irgendeinem Grund aus dem Zimmer gehen und konnte die Tür nicht öffnen, da ich nicht groß genug war, die Klinke zu erreichen. Ich bat: ›Bitte Oma, öffne die Tür für mich, ich kann sie nicht öffnen!‹ Die Antwort meiner Oma war auf den ersten Blick herzlos: ›Merke dir das: *Ich kann nicht* gibt es nicht!‹«

Die Szene war auch vor meinen Augen lebendig geworden, so anschaulich konnte sie erzählen. Ich sah ein kleines, sehr süßes behindertes Mädchen vor mir, das Schwierigkeiten hatte zu laufen, mit Schleifchen in den Haaren und lieb um einen Gefallen bietend. Wie grausam musste man sein, einem solchen Geschöpf diese Bitte abzuschlagen.

»Sie können sich vorstellen, wie ärgerlich ich wurde«, fuhr sie fort. »Ich schrie wütend: ›Aber ich bin nun einmal zu klein für diese Tür!‹ und stampfte mit den Füßen auf den Boden, aber sie ließ sich nicht erweichen. Nach einigen Minuten hatte ich mich beruhigt und schaute mich um. Ich nahm einen in der Nähe stehenden Stuhl, schob ihn zu der Tür, kletterte auf den Stuhl und öffnete die Tür.« Sie machte eine Pause, als wollte sie den Triumph noch einmal auskosten. »Noch heute«, so versichert sie mir, »mehr als vierzig Jahre danach, muss ich oft an diese Episode aus meinem Leben denken – und zwar immer dann, wenn das Gefühl in mir hochsteigt, ich könne mein Ziel nicht erreichen. ›Ich kann nicht‹ gibt es nicht – zumindest nicht für mich!«

> *»Es gibt Kräfte in dir, die aus dir alles machen, was du dir jemals erträumt hast oder was du dir vorgestellt hast, das du werden könntest, wenn du sie nur entdeckst und nutzt.«*
> Orison Swett Marden

Stimmt das denn wirklich, was uns diese Geschichte nahe bringen will? Es gibt doch Aufgaben, die wir wirklich und objektiv betrachtet nicht leisten können, auch wenn wir eine noch so positive Einstellung haben und uns alle Tricks der Welt einfallen. Führt uns daher diese Geschichte nicht in die Irre, weckt sie nicht Erwartungen, die nur zu Enttäuschungen führen?

Natürlich gibt es Leistungen, die man einfach nicht erbringen kann. Wenn man von mir verlangen würde, dass ich bei der nächsten Olympiade eine Medaille im 10000-Meterlauf gewinnen soll, dann wird jeder einsehen, dass dies unmöglich ist, wenn man bedenkt, dass ich zu diesem Zeitpunkt fast 70 Jahre alt sein werde.

Auf der anderen Seite kennen sicher auch Sie Menschen, die Leistungen vollbracht haben, die sehr unwahrscheinlich klingen, die man demjenigen nie zugetraut hätte. Was wir daraus – und aus der obigen Geschichte – lernen können, ist, dass die Gefahr groß ist, zu früh aufzugeben.

Wahrscheinlich erinnern auch Sie sich an Situationen in Ihrer Kindheit, in der Sie etwas nicht konnten und darüber sehr unglücklich waren. Wenn Sie Glück hatten, dann gab es in diesem Moment einen Menschen, der Sie getröstet, in den Arm genommen, gestreichelt und für Sie schöne, aufbauende Worte gefunden hat. Trösten dieser Art ist sehr schön und wird für Jahrzehnte in uns gespeichert. Heute, als Erwachsener können wir uns weitgehend selbst trösten und das ist sicher gut so. Wenn wir uns allerdings immer dann selbst bemitleiden und trösten, wenn wir in Schwierigkeiten kommen, wenn wir uns immer dann, wenn mehr als das Übliche von uns verlangt wird, vorsagen, dass wir arme Kreaturen sind, und uns entsprechend bedauern, dann werden wir in vielen Situationen einfach keinen Entschluss für eine Aktion fällen, wir werden passiv bleiben und uns in der Rolle dessen, der sich selbst bemitleidet, gefallen. Eine solche Haltung ist für ein erfülltes, erfolgreiches Leben Gift.

Die positive Botschaft ist die, dass wir diesen Mechanismus überwinden können, wenn wir ihn uns bewusst gemacht haben. Wir können ein »Nein« einbauen, wenn wir anfangen, uns selbst zu bemitleiden und immer wieder unbewusst Situationen suchen, in denen wir uns mit Recht bemitleiden können. Wir können beschließen, uns in solchen Situationen nicht auf die eigene Machtlosigkeit, sondern auf die eigenen Möglichkeiten zu konzentrieren, und wenn wir das einige Male bewusst gemacht haben, dann wird es zur Gewohnheit, zum Automatismus – und wir werden uns ändern, zum Gestalter unseres Schicksals werden. Dieses Bewusstsein wird uns Flügel verleihen oder ungeahnte Kräfte, mit denen wir selbst einen Elefanten hinter uns herziehen können.

Übrigens: ich habe natürlich, so weit wie möglich, Kontakt zu dieser Dame gehalten und ihren Lebensweg weiter verfolgt. Sie hat wieder geheiratet, einen gesunden Mann, den sie bei der Arbeit kennengelernt hat. Raten Sie ein-

mal, wer entscheidet, was wir am Wochenende machen, wenn ich sie besuche?

»*Die Schwierigkeiten, die Not und die Prüfungen des Lebens, die Hindernisse, denen man auf der Straße seines Schicksals begegnet, sind ein Segen. Sie stärken die Muskeln und lehren uns Selbstständigkeit. Gefahr ist das Element, durch das Kraft entwickelt wird.*«

William Mathews

> »Menschen die Großes denken, sind Spezialisten darin,
> positive, nach vorne gerichtete, optimistische Bilder
> in ihrem eigenen Geist und dem Geist anderer zu schaffen.«
>
> David J. Schwarz

Muhammad Yunus: Ein Gestalter bekommt den Friedensnobelpreis

Wie man mit einer Idee die Welt verändert

Ideen verändern die Welt. Wir erleben das immer wieder, aber selten wurde eine Idee gegen so viel Widerstand durchgesetzt, selten wurde eine Idee entwickelt, die mit so vielen Paradigmen gebrochen hat, vor allem Paradigmen des Landes, aus dem der Urheber dieser Idee stammt.

Muhammad Yunus ist in Bangladesch geboren, einem der ärmsten Länder dieser Erde. Er war dort als Wirtschaftsprofessor an der Universität von Chittagong tätig, als er mit der Hungersnot von 1974 konfrontiert wurde. Dadurch aufgerüttelt, wandte er sich von den Theorien der Wirtschaftswissenschaften ab und den hungernden Menschen zu. Er ging in eines der armen Dörfer, nach Jobra, das für ihn zum Sinnbild für Bangladesch wurde. Die konkreten Vorgänge in diesem Dorf waren ihm in dem Moment wichtiger als die Theorien, die die Wirtschaftswissenschaftler verbreiten. Er entdeckte, dass viele Bewohner des Dorfes nur deshalb nicht aus ihrer Misere herauskamen, weil ihnen das Kapital, oft nur sehr geringe Summen, fehlte, mit dem sie sich von den Personen, zum Beispiel den Geldverleihern, unabhängig machen konnten, die sie ausnutzten und abhängig hielten.

Er gründete eine Bank, die Grameen Bank, die Kleinstkredite – oft nicht mehr als 25 Dollar – an die Ärmsten der Armen vergab. Die Kreditnehmer, meist Frauen, hatten nur eine Sicherheit zu bieten: ihre Ehre.

Welche Schwierigkeiten und Vorurteile Yunus zu überwinden hatte, möchte ich hier beschreiben:

Wie würden Sie entscheiden, wenn Sie in einer Bank etwas zu sagen hätten und jemand vorschlägt, dass Sie Kredite in Höhe von etwa 25 Dollar an Menschen vergeben sollen, die nicht genug zu essen, die keinerlei Sicherheiten anzubieten haben. Bei näherem Hinsehen würden Sie außerdem eine Reihe weiterer Argumente entdecken, die Ihre Bedenken noch vergrößern würden:

Sie würden erkennen,
- dass die meisten Kreditnehmer Frauen sind, die von ihren Männern unterdrückt werden und bei denen Sie den begründeten Verdacht haben, dass ihre Männer ihnen das Geld wegnehmen würden;
- dass es eine allgemeine Erkenntnis ist, dass Arme die Angewohnheit haben, alle Geldmittel, die in ihre Hände kommen, sofort zu konsumieren, weil sie so dringende Bedürfnisse haben.

Sie hätten entdeckt,
- dass die meisten Kreditnehmer Analphabeten sind, die kein Formular ausfüllen oder überhaupt lesen können;
- dass die Armen nicht längerfristig organisieren können und nicht nur von der Hand in den Mund leben, sondern – wenn überhaupt – nur von einem Tag zum anderen planen und denken;
- dass die Vergabe von Krediten an Frauen zu erheblichen Konflikten in der Ehe der betreffenden Frauen führen würde.

Diese Liste könnte man noch beliebig fortführen.

Wie würden Sie also reagieren? Sie würden wahrscheinlich die Idee, diesen Frauen einen Kredit zu geben, schlicht für verrückt erklären.

Und was würden Sie tun, wenn Sie selbst die Idee mit den Kleinstkrediten hätten, wenn Sie sogar schon in Ein-

zelfällen positive Erfahrungen damit gemacht hätten und sich jetzt überlegen würden, ob man dieses Erfahrungen nicht auf eine breitere Basis stellen und institutionalisieren könnte? Wären Sie bereit, Ihr Leben einem solchen Ziel zu widmen?

Yunus hat es getan!

Es ist ihm gelungen, trotz aller Widrigkeiten nicht seine Motivation zu verlieren und seine Vision weiter zu verfolgen. In seinem Buch »Für eine Welt ohne Armut« beschreibt er, welche Steine ihm in den Weg gelegt wurden. Besonders eindrucksvoll war für mich die Situation, in der er endlich eine Bank in Bangladesch davon überzeugen konnte, dass es sinnvoll wäre, wenigstens einen Versuch zu starten.

Der Leiter der Zentralbank, Mr. Gongopadhaya, gab ihm die Chance, zu beweisen, dass die Erfahrungen, die Yunus in dem Dorf Jobra gemacht hatte (zum Beispiel, dass hundert Prozent der Darlehen zurückgezahlt wurden), auf eine größere Einheit zu übertragen sei. Seine Mitarbeiter spielten zwar mit, weil sie keinen Konflikt mit ihrem Chef vom Zaun brechen wollten, aber sie waren überzeugt, dass diese hohe Rückzahlungsquote mit dem Namen Yunus und der Tatsache, dass er Universitätsprofessor war, zu tun hatte. Man hat den Eindruck, dass sie alles taten, um den Versuch scheitern zu lassen. Sie entschieden sich für die Gegend von Tangail. Hier sollten 19 Filialen Grameen Bank etabliert werden. Yunus übertrug diese Aufgabe jungen Mitarbeitern aus Jobra.

Yunus beschreibt die Situation mit folgenden Worten: »Die Gegend von Tangail befand sich zu der Zeit am Rand eines Bürgerkrieges. Bewaffnete Guerillas der Volksarmee, einer marxistischen Untergrundbewegung, verbreiteten Tod und Schrecken und brachten skrupellos Menschen um. In jedem Dorf konnte man Tote mitten auf der Straße liegen, an einem Strick von einem Baum hängen oder erschlagen an einer Mauer liegen sehen. Die meisten der regionalen Honoratioren, die um ihr Leben fürchteten, hatten sich zu

Verwandten oder in Hotels in der Stadt geflüchtet. Die ganze Gegend war der Anarchie ausgeliefert.«

Jeder hätte verstanden, wenn Yunus den Versuch abgebrochen hätte, da unter diesen Bedingungen ein Erfolg aussichtslos erschien. Er musste doch auch um die Sicherheit all jener bangen, die als Zweigstellenleiter oder als Angestellte eingestellt wurden.

Es war der Höhepunkt der Trockenzeit. Tagsüber waren die Straßen menschenleer; die Leute suchten den Schatten auf und warteten auf einen Regenguss, der stets ausblieb. Die Dörfer, durch die Yunus und seine Mitarbeiter kamen, schienen in den letzten Zügen zu liegen und ihre Einwohner waren besonders arm und ausgemergelt.

Hätten Sie unter diesen Vorzeichen, in einer solchen Gegend mehrere Bankfilialen eröffnet, um Geld an Mittellose zu verleihen?

Yunus ließ sich von diesen Bedingungen nicht abschrecken, er erlebte sie als besondere Herausforderung und er war so sehr von seiner Idee überzeugt, dass er sich sicher war, dass sie auch unter diesen Umständen funktionieren müsste. Er schrieb: »Ich hatte das Gefühl, in die richtige Gegend gekommen zu sein. Genau hier mussten wir aktiv werden.«

Er rekrutierte die Rebellen als Mitarbeiter unter der Voraussetzung, dass sie ihre Waffen niederlegten. Es waren junge Leute von höchstens zwanzig Jahren und Yunus beschreibt sie als fleißige und gewissenhafte Arbeiter. »Sie hatten ihr Land mit Waffengewalt und durch eine Revolution befreien wollen und jetzt pilgerten sie zu Fuß durch dieselben Dörfer und auf denselben Straßen, um den Elenden ein Darlehen anzubieten. Alles, was sie brauchten, war ein Ideal, ein Ziel, für das sie kämpfen konnten.«

Yunus war in der Lage, in einem Risiko eine Chance zu sehen und diese zu nutzen. Er fühlte sich durch Schwierigkeiten herausgefordert und hat nie seine Vision aus den Augen verloren. Diese Fähigkeit ließ ihn die Erfolge erleben, die oben geschrieben wurden, und zuletzt den Friedensnobelpreis gewinnen.

Was jedem Banker unmöglich erschien, funktionierte. Fast alle Kredite wurden in vollem Umfang zurückgezahlt. Heute ist die von Yunus gegründete Grameen Bank weltberühmt. Yunus' Konzept wurde von mehr als hundert Staaten übernommen und es hat bereits mehr als 6,6 Millionen armen Menschen geholfen, sich selbst aus der Knechtschaft der Armut zu befreien.

> *Gib mir die Kraft, die Armen nie zu verleugnen und niemals meine Knie vor frecher Macht zu beugen.«*
> Rabindranath Tagore

Yunus hat uns gezeigt, was man mit Ideen ausrichten kann, dass es darauf ankommt, seine Aufmerksamkeit auf die Möglichkeiten zu richten. Wir dürfen die Hindernisse und Risiken nicht außer Acht lassen, aber wir dürfen uns ebenso wenig von ihnen fangen lassen, wir müssen lernen, zwischen den Schwierigkeiten, die negative Gefühle in uns auslösen, und den Möglichkeiten und Visionen, die Begeisterung in uns wachrufen, zu pendeln. Wenn einem das häufiger gelungen ist und man so die Erfahrung machen konnte, dass es möglich ist, Schwierigkeiten zu überwinden, wenn man erleben konnte, welche guten Gefühle das auslöst und dass man dabei lernen oder sogar geistig wachsen kann, dann lösen solche Schwierigkeiten auch keine negativen Gefühle mehr aus, sondern man fühlt sich durch sie herausgefordert. Die dadurch entstehende Kraft ist es vielleicht, die Menschen wie Yunus oder andere Helden, die sich durch die größten Hindernisse nicht entmutigen ließen, auszeichnet und zu solchen Leistungen befähigt.

»Wenn ich glaube, dass ich es tun kann, werde ich sicher die Fähigkeit erwerben es zu tun, auch dann, wenn ich diese Fähigkeit zu Beginn nicht hatte.«

Mahatma Gandhi

> »Gar manches ist vorherbestimmt;
> das Schicksal führet in Bedrängnis;
> doch wie man sich dabei benimmt,
> ist eigne Schuld und nicht Verhängnis«.
>
> Wilhelm Busch

Die beinahe verpatzte Urlaubsreise

Alltägliche Erfahrungen im Umgang mit widrigen Umständen

Vor vielen Jahren, ich war gerade erst verheiratet, beschlossen meine Frau und ich, unseren Urlaub auf einer schönen Insel im indischen Ozean zu verbringen. Wir freuten uns sehr, es war die erste weite Reise, die wir gemeinsam machten. Natürlich waren wir auch aufgeregt. Was würde uns begegnen? Würden wir schwierige Situationen erfolgreich meistern? Wir waren noch sehr jung und entsprechend unerfahren. Aber die Vorfreude überwog, denn die Bilder in den Prospekten aus dem Reisebü-

ro versprachen ein Paradies: weiße Sandstrände, Palmen, üppige Vegetation mit exotischen Blumen.

Beim Landeanflug übertraf das, was wir vom Flugzeug aus sahen, unsere Erwartungen: Die Insel lag da wie ein Juwel. Ein grüner Fleck, umrandet von einem weißen Saum aus Sand und der Gischt der Wellen, inmitten eines Meeres, das von türkis bis dunkelblau schimmerte.

Der Flughafen war winzig. Außer unserem Flugzeug stand da nur noch ein anderes, das offensichtlich auch von einem Reiseveranstalter gechartert war. Kurz nachdem wir ausgestiegen waren, gab es große Aufregung. Es bildeten sich aufgebrachte Menschentrauben, in denen heftig diskutiert wurde. Ich mag keine Menschenansammlungen, aber ich hatte das Gefühl, dass mich das vielleicht doch auch anging, stellte ich mich zu einer der Gruppen und erfuhr von dem Problem:

Durch einen Buchungsfehler waren alle Hotelzimmer der Teilnehmer dieser Reise schon belegt! Es war Weihnachtszeit und alle Hotels der Insel waren ausgebucht. Es hieß, man werde im Landesinneren Quartiere bereitstellen, die aus fast fertigen Bungalows bestünden, und einen Teil der Reisekosten zurückerstatten.

Die Enttäuschung bei den Reiseteilnehmern war groß. Aber was sollten wir tun? Was konnten wir tun? Es wurde heftig diskutiert und es kristallisierten sich folgende Lösungsmöglichkeiten heraus. Man könnte:

1. mit den Reiseveranstaltern sprechen, dabei bessere Unterkünfte fordern und mit dem Rechtsanwalt drohen;
2. sich mit den anderen Leidtragenden zusammentun und das gebuchte Hotel besetzen;
3. zurückfliegen und auf den Urlaub verzichten;
4. sich mit der Lage abfinden und die Notquartiere im Landesinneren akzeptieren.

Es bildeten sich zwei Gruppen unter den Reisenden. Etwa die Hälfte der Touristen akzeptierte zähneknirschend die

Notquartiere im Landesinneren, die andere Hälfte fuhr in Gruppen in die verschiedenen gebuchten Hotels und machte ihrer Wut Luft. Es wurde geschrieen und es flogen Aschenbecher. Es wurde zum Teil Polizei eingesetzt, um die Touristen gewaltsam aus den Hotels zu entfernen.

Ich gesellte mich zu keiner dieser Gruppen. Sich mit etwas abfinden ist nicht meine Art, aber Gewalt ebenso wenig. Auch die anderen Möglichkeiten, die diskutiert wurden, erschienen mir wenig attraktiv und mir wurde klar, dass meine Frau und ich in dieser Situation mehr Chancen hätten, wenn wir uns von unseren Mitreisenden lösen würden. Für zwei Reisende war eher eine Lösung zu finden, als für ein ganzes Flugzeug von Reisenden.

Wenn überhaupt, dann konnte uns nur der Geschäftsführer eines der großen Hotels helfen. Ich musste ihn motivieren, aber das konnte ich natürlich nicht, indem ich ihn unter Druck setzte, denn ich hatte nichts, womit ich Druck machen konnte, und er saß in jedem Fall am längeren Hebel.

Ich fuhr also mit meiner Frau in einem Taxi zu einem der Hotels und nachdem mir wie erwartet erklärt wurde, dass kein Zimmer verfügbar sei, wünschte ich den Geschäftsführer zu sprechen. Das Mädchen an der Rezeption sagte, er sei nicht da. Natürlich, so dachte ich mir, hat er schon von uns Gestrandeten gehört und lässt sich verleugnen. Vielleicht waren ja auch schon randalierende Touristen hier in diesem Hotel gewesen und der Geschäftsführer hatte keine Lust, sich mit diesen Leuten noch einmal auseinanderzusetzen.

Hier musste sich meine Standfestigkeit beweisen und ich war doppelt motiviert: Nicht nur dass ich selber gerne einen schönen Urlaub auf dieser Insel verleben wollte, ich hatte auch das Gefühl, dass ich meiner jungen Frau beweisen musste, dass ich mit schwierigen Situationen wie dieser fertig würde.

Ich musste unbedingt mit dem Geschäftführer dieses

Hotels sprechen! Ich wiederhole also meinen Wunsch gegenüber der jungen Frau an der Rezeption, aber sie blieb bei ihrem Nein, spürte jedoch, dass ich hartnäckig war, und zog sich ängstlich zurück. Ich folgte ihr und brachte dabei immer weder höflich mein Anliegen zum Ausdruck. Wie ich richtig vermutet hatte, ging sie zum Zimmer des Geschäftsführers – und schließlich stand ich vor ihm.

Natürlich hatte ich mir schon überlegt, wie ich ihn ansprechen würde. Wichtig war, dass ich ihm sofort klar machte, dass ich keiner von den Randalierern war und dass ich keine unerfüllbaren Forderungen stellte. Ich musste ihm zu verstehen geben, dass ich niemand war, mit dem man nur Unannehmlichkeiten hat, sondern jemand, von dem man positive Erlebnisse erwarten konnte. (Jemandem helfen können, so dachte ich, ist für einen Hotelmanager – wie für die meisten Menschen – sicher ein positives Erlebnis.)

Ich sprach ihn also besonders freundlich und persönlich an:

»Spreche ich mit Herrn Smith?« (Den Namen des Geschäftsführers hatte ich an der Rezeption erfahren.)

»Ja!«

»Wir sind gerade mit dem Flugzeug gekommen, Sie haben sicher schon von dem Malheur gehört?«

Er nickte.

»Sie sind der Einzige, der uns einen Rat geben kann!« (Ich verlange nichts, was er nicht erfüllen konnte. Wenn ich ein Zimmer haben wollte, so musste ich damit rechnen, dass er ablehnte und uns aus seinem Zimmers warf, aber einen Rat kann man immer geben. Außerdem wertete ich ihn durch meine Ausführungen auf.)

»Und«, fuhr ich fort, »Sie sind weit gereist, Sie kennen die schöne Insel. Was würden Sie an meiner Stelle tun? Sehen Sie, ich bin auf Hochzeitsreise (ein kleiner Schwindel ist in einer solchen Situation erlaubt) und soll mich jetzt mit diesen Notquartieren abfinden? Was würden

Sie an meiner Stelle tun?« (Ich wiederholte meine Frage extra.)

Soweit ich mich erinnere, malte ich unsere schwierige Situation noch ein wenig aus, um es ihm zu erleichtern, sich in meine Position zu versetzen, und dann schwieg ich, gespannt, wie er reagieren würde.

Herr Smith war, wie ich später erfuhr, Ire und kein Mann großer Worte. Er griff stumm in seine Tasche und reichte mir einen Autoschlüssel.

»Nehmen Sie meinen Wagen, damit Sie zumindest mobil sind. Ich brauche ihn im Moment nicht. Und kommen Sie morgen wieder. Ich werde sehen, was ich für Sie tun kann.«

Ich hatte auf eine positive Reaktion gehofft, aber das erschien mir doch wie ein Wunder. Hatte ich richtig gehört? Offensichtlich fand er uns sympathisch.

Ich bedankte mich also sehr herzlich, nahm den Schlüssel und fuhr mit meiner Frau für eine Nacht in das Notquartier. Am nächsten Tag war ich wieder in dem Hotel und wir bekamen ein schönes Zimmer mit Blick auf das Meer und am Abend stand sogar noch eine Flasche Wein auf unserem Tisch: »Mit freundlichen Empfehlungen der Geschäftsleitung!«

Es wurde ein wunderschöner Urlaub.

»Es kommt nicht darauf an, was dir geschieht, sondern nur wie du darauf reagierst.«

Epiktet

Dieses Erlebnis hat mir gezeigt, wie man vorgehen kann, wenn man sich als »Gestalter« durchsetzen will. Ein »Gestalter« geht nicht mit dem Kopf durch die Wand. Druck erzeugt Gegendruck. Man muss seine Umgebung motivieren und dabei davon ausgehen, dass die meisten Menschen gerne gute Menschen sein wollen, wenn sie eine Chance dazu haben. Es gibt nur sehr wenige Menschen, die einem bewusst schaden wollen. (Leider musste ich in meinem Berufsleben entdecken, dass es solche Menschen tatsächlich hin und wieder gibt, aber sie sind sehr selten.) Wenn wir den Menschen die Chance geben, Gutes zu tun, dann ergreifen sie diese Chance in der Regel gerne.

Diese positive Einstellung zu den Menschen seiner Umgebung ist gerade in schwierigen Situationen sehr wichtig und selten, denn viele Menschen fangen dann, wenn ihre Erwartungen enttäuscht werden, erst einmal an, Schuldige zu suchen und lassen ihre Wut an den Menschen aus, die gerade verfügbar sind, ohne sich zu fragen, ob diese überhaupt Schuld haben, oder besser gesagt: ob diese bereit sind, die Schuld für das Malheur auf sich zu nehmen. Die Frage nach der Ursache von Schwierigkeiten hilft im Allgemeinen nicht weiter. Wichtiger ist es zu fragen, was man tun kann, um das Problem zu lösen.

»*Es steht der Mensch in einem doppelten Auftrag:*
Die Welt zu gestalten im Werk
und zu reifen auf dem inneren Weg«.
Karlfried Graf Dürkheim

Es gibt immer eine Gelegenheit

Es lohnt sich, die Verantwortung
für die eigene Entwicklung zu übernehmen

Suzan-Lori Parks wartete sehnsüchtig auf die Post. Sie hatte sich bei einem sehr bekannten Theater beworben und fieberte der Antwort entgegen. Als diese endlich da war, öffnete sie voller Erwartung den Brief und las, dass man ihr die Position einer fest angestellten Theaterschriftstellerin anbot.

So ein Glück, dachte sie, das ist sicher der Beginn einer fantastischen beruflichen Entwicklung.

Natürlich nahm sie die Stelle an und war voller Elan, als sie ihre Sachen packte und nach New York zog. Sie sah in dem Angebot eine einmalige Gelegenheit, sie ahnte nicht, dass sie

dort auch viel lernen würde, was mit Theater nichts zu tun hat.

Doch der Start war enttäuschend. Schon nach wenigen Tagen wurde ihr klar, dass das Theater nicht wirklich an ihrer kreativen Leistung interessiert war. Obwohl sie den Titel »fest angestellte Schriftstellerin« trug, war ihr Job mehr der eines Laufburschen oder einer Aushilfskraft. Lag das an ihrer dunklen Hautfarbe? Sie trug keinerlei Verantwortung und war bitter enttäuscht, fühlte sich erniedrigt und entmutigt.

So konnte es nicht weitergehen. Sie überlegte, was sie tun könnte, und es wurde ihr klar, dass sie drei Möglichkeiten hatte:

- Sie konnte kündigen, aber dann wäre sie ohne Job.
- Sie konnte kämpfen, aber wie würde man auf eine anspruchsvolle, unbequeme neue, junge Mitarbeiterin mit dunkler Hautfarbe reagieren?
- Sie konnte ihr Schicksal akzeptieren, brav ihre Pflicht erfüllen und darauf hoffen, dass man sie eines Tages doch entdecken würde.

Sie entschied sich zunächst für Letzteres. Sie war überzeugt, dass es eine Strategie des Theaters war, sie ganz unten anfangen zu lassen, damit sie beweisen könnte, wie wichtig ihr dieser Job war. Sie glaubte, dass das alles eine Prüfung sei, und sie wollte diese Prüfung bestehen.

Sie kam also jeden Tag pünktlich zum Theater und tat alles, was man ihr auftrug, sehr gewissenhaft. Sie bewies sich und ihren Kollegen, dass sie nicht so leicht die Flinte ins Korn warf, dass sie bereit und in der Lage war, sich anzupassen. So vergingen die Wochen und es änderte sich nichts: Suzan-Lori bekam keine anspruchsvolleren Aufgaben, durfte keine Verantwortung übernehmen und verlor langsam die Hoffnung, dass sich ihr Traum, eine bekannte Theaterschriftstellerin zu werden, erfüllen würde. Sie war abwechselnd enttäuscht und ärgerlich. Besonders wütend war sie auf das

Management des Theaters und auf ihren Chef insbesondere. Es war nicht richtig, ihr keine Chance zu geben.

An einem Wochenende saß sie im Central Park und sah den Kindern zu, die dort unter Aufsicht ihrer Eltern spielten. Sie beobachtete, wie diese ihre Kinder ermutigten, auf die hohe Rutsche zu steigen und herunterzurutschen, und sie dann lobten.

Das ist es, was ich auch brauchte, dachte sie. Aber dann wurde ihr klar: Sie war kein Kind mehr, sondern eine erwachsene Frau, die selbst für sich verantwortlich war. Sie erkannte, dass nur sie und nicht das Theater letztlich für ihren Erfolg verantwortlich war. Wie sie von Anderen behandelt wurde, hatte letztlich nichts mit dem Titel zu tun, den sie trug, sondern nur damit, wie sie sich verhielt. Sie erkannte, dass es nicht nur die obigen drei Möglichkeiten gab, sondern noch eine vierte: Sie selbst musste etwas für ihre Karriere tun und dazu musste sie die positiven Seiten der jetzigen Situation sehen. Der wenig anspruchsvolle Job, der ihr so gar nicht passte, hatte den großen Vorteil, dass er ihr genug Zeit ließ, nebenbei zu schreiben, das aufzuschreiben, was sie eigentlich schon länger im Kopf hatte.

In nur drei Tagen schrieb sie das Stück »Topdog/ Underdog« (Unterdrücker/Unterdrückte). Wenige Monate später feierte das Stück seine Premiere an einem Off-Broadway-Theater und bald danach an einem Broadway-Theater. 2002 erhielt Suzan-Lori Parks den Pulitzer-Preis für Drama.

Parks sagt: »Jeder Moment ist perfekt und vom Himmel gesandt, denn in jedem dieser Momente liegt der Samen für Wachstum. Schwierigkeiten schaffen die Gelegenheit für Selbstreflexion und für Leidenschaft.«

»Die reinste Form des Wahnsinns ist es, alles beim Alten zu lassen und gleichzeitig zu hoffen, dass sich etwas (für einen) ändert«.

Albert Einstein

Suzan-Lori Parks ist eine afroamerikanische Theaterschriftstellerin die 1963 geboren wurde. Diese wahre Geschichte zeigt uns, wie sehr es darauf ankommt, welche Einstellung wir zu einer gegebenen Situation haben. In jeder Situation, die unseren Wünschen nicht entspricht, haben wir mehrere Möglichkeiten zu reagieren.

1. *Wir können versuchen, der Situation zu entgehen. Wir können fliehen. Aber das löst unser Problem selten, wir tauschen meist das eine Problem mit dem nächsten.*
2. *Wir können das bekämpfen, was uns stört. Allerdings müssen wir damit rechnen, dass die Reaktionen aus unserer Umgebung dann das Leben eher noch schwerer machen werden.*
3. *Wir können leiden, uns selbst bedauern, uns beklagen, uns der Situation anpassen.*
   Oder aber:
4. *Wir können die Situation gestalten, für unsere eigenen Ziele nutzbar machen. Dabei bedeutet »Gestalter der Situation sein« nicht, sich zu wehren, das heißt eine Konfrontation mit den Gegebenheiten aufzunehmen. Man kann auch »leise« und ohne großes Aufheben zu machen Gestalter sein und dabei die Situation für sich nutzen. Oft kommt es nicht darauf an, dass man die äußeren Umstände der Situation ändert, sondern die innere Einstellung dazu. Als Gestalter müssen wir bereit sein, die Verantwortung für die Situation, in der wir uns befinden, letztlich für unser Leben selbst zu übernehmen. Wir dürfen diese Verantwortung nicht auf die Situation abschieben, in der wir uns befinden.*

»Ich mache mir nichts aus dem Urteil anderer Menschen. Ich folge einfach nur meinen eigenen Gefühlen.«

Wolfgang Amadeus Mozart

Eine unerwartete Belohnung

Es lohnt sich, der zu sein, der man ist

Georg war Schreiner bei einer Baufirma. Er hatte viel Erfahrung und war sehr gut in seinem Fach. Er liebte seinen Beruf, obwohl er auf dem Bau nicht die Anerkennung bekam, die er verdiente. Er wusste, dass er gute Arbeit leistete und dass die mangelnde Anerkennung nicht mit der Qualität seiner Leistung zu tun hatte. Der Grund war ein anderer: Er war anders als seine Kollegen und daher Außenseiter auf dem Bau. Er aß kein Fleisch, trank kein Bier, rauchte nicht und hielt sich abseits, wenn seine Kollegen ihre Späße machten. Weil er nach der Arbeit nicht mit den Anderen ins Wirtshaus ging, waren sich alle einig: Georg ist ein Snob.

Eines Tages wurden einige Handwerker in das Büro des Chefs gebeten. Das war schon öfter vorgekommen und hatte immer bedeutet, dass diesen Arbeitern gekündigt wurde. Georg war der letzte derer, die zu dem Inhaber kommen sollten. Er machte sich große Sorgen, er wusste zwar, dass seine Arbeit gut war, aber vielleicht war die Tatsache, dass er nicht in die Gruppe passte, ein Kündigungsgrund.

»Georg, bitte setzen Sie sich«, begann der Inhaber der Baufirma. »Ich möchte gleich zum Thema kommen. Ich möchte expandieren und brauche einen Partner, jemanden, der die Qualität der Arbeit überwacht und der auch ein wenig über den Tag hinausdenkt. Ich habe mir Sie und Ihre Kollegen angesehen und bin zu der Überzeugung gekommen, dass Sie der richtig Mann für diese Aufgabe sind.«

Georg war völlig verwirrt. Eben noch hatte er damit

gerechnet, dass man ihm kündigen würde, und da wurde ihm eine Partnerschaft angeboten. Er war nicht sicher, ob er alles richtig verstanden hatte und ob da nicht doch noch irgendwo ein Haken war.

»Ich beobachte Sie schon seit einiger Zeit genauer«, ergänzte der Inhaber. »Ihre Arbeit ist ausgezeichnet und Sie interessieren sich nicht für all den Tratsch, den man sich so erzählt. Sie lassen sich auch nicht von den Anderen in ihren Überzeugungen beeinflussen. Sie bemühen sich nicht um Anerkennung Ihrer Kollegen, Sie scheinen von der Meinung der Anderen unabhängig zu sein. Ich weiß, dass Sie das jetzt völlig überraschen muss, aber ich weiß auch, dass Sie der richtige Mann für mich sind. Was sagen Sie dazu?«

Georg versuchte sich zu konzentrieren und die vielen Gedanken in seinem Kopf in Ordnung zu bringen. »Natürlich freue ich mich sehr über dieses Angebot, es ist eine große Ehre für mich und es ist keine Frage: Ich sage Ja – und vielen Dank für ihr Vertrauen.«

Sie schüttelten sich die Hände und während Georg das Büro verließ, wurde ihm klar, dass er diese Chance bekommen hatte, weil er sich all die Zeit nicht an seine Kollegen angepasst hatte.

»Der gestirnte Himmel über mir und das Gesetz in mir – bestimmen mein Leben!«

Immanuel Kant

Viele Probleme, die uns begegnen, haben wir uns selbst zuzuschreiben. Es ist manchmal so, als suchten wir die Schwierigkeiten. Häufig liegt der Grund darin, dass wir nicht bereit sind, uns anzupassen. Aber sich immer anzupassen, ist auch eine problematische Strategie.

Zu sich selbst zu finden und sich dann treu zu bleiben, ist eine der wichtigsten, vielleicht die wichtigste Aufgabe, die wir im Leben haben. Andererseits müssen wir oft einen hohen Preis dafür zahlen, wenn wir uns den Umständen nicht anpassen, wenn wir uns den Herausforderungen unseres Schicksals nicht beugen wollen.

Wir wollen alle von unserer Umgebung gemocht werden. Es ist wichtig für uns, bei Kollegen und Bekannten Akzeptanz zu finden und geschätzt zu werden. Auf der anderen Seite ist es ebenso wichtig, dass wir uns selbst treu bleiben, dass wir uns bei unserem Bemühen nach Anerkennung nicht von Strömungen beeinflussen lassen, die nicht zu uns passen oder die uns nicht gut tun. Das erfordert oft Kraft und wir müssen nicht selten Nachteile in Kauf nehmen, wenn wir danach handeln, unter Umständen werden wir sogar zum Außenseiter. Zwischen Eigenbrötler auf der einen Seite und charakterlosem Anpasser auf der anderen Seite liegt unsere Position – wo genau, müssen wir im Einzelfall selbst entscheiden.

Die Geschichten, die hier zu lesen sind, zeigen auf, wie es einem ergehen kann. Wie ergeht es Ihnen?

> »Achte darauf, in welche Richtung dich dein Herz zieht,
> und geh dann entschlossen diesen Weg.«
> Chassidisches Sprichwort

Die Lehrerin aus Kalkutta

In einem großen Unglück eine Chance sehen

In Kalkutta lebte eine Lehrerin. Ihr Name war Malika Chand. Für sie war das Unterrichten eine Leidenschaft. Sie behandelte alle ihre Schüler, als ob es ihre eigenen Kinder wären, und sie brachte ihnen mehr bei als nur Schreiben und Rechnen. Ihr Motto war: »Your ›I can!‹ is more important than your I.Q.« (Dein »Ich kann es!« ist wichtiger als dein Intelligenzquotient.) Sie war in der ganzen Gegend bekannt und beliebt.

Eines Tages brannte ihre Schule ab. Alle waren sehr traurig über diesen Verlust. Wie sollte man leben ohne den Unterricht von Malika Chand. Aber Geld für den Wiederaufbau war nicht da und so fanden sich die meisten mit ihrem Schicksal ab.

Nicht so Malika. Sie machte sich klar, dass die Schule sowieso schon viel zu lange ihren Dienst getan hatte, dass das Dach nicht mehr dicht gewesen war, dass die Böden von den vielen Schülern ausgetreten worden waren. Sie sah in diesem Unglück nur eine Herausforderung, etwas Neues, Besseres zu schaffen. Sie suchte überall nach Sponsoren und weil sie einen so guten Ruf hatte, gelang es ihr auch, das nötige Geld für eine neue Schule aufzutreiben. Mit ihren 64 Jahren schaffte sie eine neue Schule und zeigt beispielhaft, wie man mit »Unglück« umgehen muss.

Malika war in ihrem eigenen Verhalten offensichtlich von dem Motto getrieben, das sie ihren Schülern zu vermitteln versuchte: »Die Überzeugung ›Ich kann es‹ ist wichtiger als der Mangel an Geld, unter dem ich im Moment leide.«

Zeigt sich hier nicht eine Geisteshaltung, die einen durch das ganze Leben tragen kann?

Die Frage bleibt, ob man eine solche Geisteshaltung von Geburt mitbekommen hat. Die Psychologie ist bei der Beantwortung dieser Frage eindeutig: Geisteshaltungen werden gelernt und sie können in jedem Lebensalter gelernt werden, wie viele Beispiele zeigen.

Besitzen Sie schon eine solche Geisteshaltung?

*»Das größte Risiko besteht darin, nichts zu riskieren.
Nur die Person, die etwas riskiert, ist wirklich frei.«*
Glen A. McQuirk

Sprachklippen erfolgreich umschifft!
Wie ich mich von meinen Fesseln befreite

Meine Lehrer haben mir eingeredet, dass ich keine Begabung für Sprachen habe. Sicher haben sie damit recht gehabt. Sie haben mir auch eingeredet, dass ich mich nicht in einer fremden Sprache verständigen könne, ohne dass die Zuhörer »die Nase rümpfen«. Leider habe ich viel zu lange daran geglaubt, ich habe die Beurteilung aus der Schulzeit in das Erwachsenenleben übernommen. Erst als ich die Mitte meines Lebens überschritten hatte, gab mir das Leben Gelegenheit zu entdecken, dass die Beschränkungen, die mir meine Lehrer auferlegt haben – oder sollte ich sagen, die ich mir auferlegt hatte –, nicht gerechtfertigt waren.

Ich hatte mit einigen Kollegen ein Multimediaprogramm entwickelt, das mit EU-Geld gefördert wurde und das es auch in zwei europäischen Fremdsprachen gab. (Das war eine der Bedingungen für die Förderung.) Das Programm wurde ein Erfolg und uns die Ehre zuteil, es in Brüssel auf einer internationalen Veranstaltung vorzustellen. Wir mussten natürlich die englische Version des Programms mit einem in englischer Sprache gehaltenen Vortrag präsentieren. Wir hatten vereinbart, dass das mein Kollege aus London übernehmen würde, der auch für die englische Fassung des Programms verantwortlich war.

Am Tag, an dem das Programm vorgestellt werden sollte, erfuhr ich in einem Telefonat, dass mein Kollege nicht kommen konnte. Was sollte ich tun? Ich hatte mich nicht vorbereitet und vor allem keinerlei englische Unterlagen wie zum Beispiel Overheadfolien dabei, auf die ich mich hätte stützen können. Allerdings kannte ich das Programm natürlich sehr gut. Sollte ich es wagen, vor die Zuhörer zu treten, oder sollte ich einfach den Vortrag ausfallen lassen?

Offen gesagt fiel mir die Entscheidung sehr schwer. Ich wollte zwar Gestalter sein – und das Programm hatte ja genau das zum Thema –, aber ich war doch zu ängstlich, ich fürchtete, dass ich mich blamieren würde. Aber ich konnte mich auch nicht einfach entscheiden zu kneifen. Wie man es so oft in solchen Situationen tut, habe ich die Entscheidung hinausgeschoben. Noch auf dem Weg zum Vortragssaal wusste ich nicht, was ich machen würde. Ich dachte, ich muss ja sowieso den Zuhörern sagen, dass die Veranstaltung ausfällt, da ich keine Möglichkeit hatte, sie vorher zu informieren. Wenn eine große Zahl von deutschsprachigen Interessenten kommen würde, so dachte ich mir, dann könnte ich doch die Präsentation auf Deutsch halten.

Ich hatte mit zwanzig bis vierzig Interessenten gerechnet und war überrascht, dass man uns einen so großen Raum zugewiesen hatte, der sich langsam füllte. Schließlich waren es mehr als hundert Zuhörer. Ich fragte sie auf Englisch – ich hatte mir vorher diesen Satz zurechtgelegt –, wer von ihnen kein Deutsch verstünde. Es hoben ca. drei Viertel der Anwesenden die Hände. Jetzt musste ich eine Entscheidung treffen.

Ich überwand spontan meinen inneren Schweinehund und nahm die Herausforderung an. In meinem mangelhaften Schulenglisch begann ich ganz offen meine Situation zu erklären und dass das ja genau das Thema sei, um das es hier ginge: Wie verhält man sich bei unvorhergesehenen Schwierigkeiten? Gibt man auf, wirft man die Flinte ins Korn und ist damit Opfer der Situation oder besinnt man sich auf seine Möglichkeiten, sieht in den Schwierigkeiten eine Herausforderung, vielleicht sogar eine Chance und verhält sich als Gestalter seines Schicksals? Ich sprach »frisch von der Leber weg« und gewann damit die Sympathie der Zuhörern – sie waren begeistert. Ihr Applaus zeigte

mir das deutlich. Für die meisten von ihnen war Englisch
– wie für mich – eine Fremdsprache und sie waren mir sehr
dankbar, dass ich langsam gesprochen und einen sehr einfachen Wortschatz verwendet hatte. Nach dem Vortrag
sagten mir einige, dass sie mich besser verstanden hätten als
viele Redner, deren Muttersprache das Englische war.

Seit dieser Zeit ist das Eis gebrochen. Seitdem habe ich
schon viele Vorträge auf Englisch gehalten – allerdings nur
in Ländern, in denen die Muttersprache nicht Englisch ist.
Ich habe sogar – natürlich mit gründlicher Vorbereitung –
ganze Seminare auf Englisch gegeben. Ich liebe das Reisen
und neue Erfahrungen in fremden Ländern. Ich genieße es,
meine Hemmungen überwunden zu haben, und bedauere
nur, dass dies nicht schon viel früher geschehen ist, dass
ich nicht schon viel früher die Grenzen überwunden habe,
die meine Lehrer in mir aufgebaut haben.

»Das Geheimnis des Glücks ist die Freiheit. Das Geheimnis der Freiheit aber ist der Mut«.

Perikles

Wie sehr sind die Bilder, die wir von uns haben und damit auch die Beschränkungen und die Grenzen, die wir mit uns herumtragen, von anderen Menschen bestimmt? Von Menschen, die uns – meist in der Kindheit – Schwächen eingeredet haben, die wir nie wieder in Frage gestellt haben?

Diese Geschichte zeigt einen Weg auf, wie man seine Angst überwinden kann. Es hilft meist wenig, wenn man sich selbst einredet, oder von anderen eingeredet bekommt, dass die Angst ungerechtfertigt sei. In der eigenen Vorstellung ist sie gerechtfertigt. Letztlich helfen nur neue Erfahrungen, aber um die Erfahrungen machen zu können, muss man sich überwinden, muss sich als Gestalter fühlen, sich selbst in die Gestalterrolle versetzen und entsprechend handeln.

> *»Liebe hat nichts mit dem zu tun,
> was du erwartest zu bekommen –
> nur mit dem, was du erwartest zu geben –
> und das ist alles.«*
> Katharine Hepburn

Lieben ist ein Tätigkeitswort

Also *tun* Sie es!

Diese Geschichte stammt von Stephen R. Covey. Er ist ein viel gelesener Autor von Selbsthilfebüchern und ein hoch bezahlter Redner. Er sprach einmal von den Pflichten, die man in einer Beziehung hat. Da kam einer seiner Zuhörer zu ihm und sagte:

»Das ist sicher alles richtig, was Sie sagen! Aber letztlich ist doch jede Situation anders. Sehen Sie zum Beispiel meine Ehe. Ich mache mir wirklich Sorgen. Meine Frau und ich haben einfach nicht mehr die Gefühle füreinander, die wir früher hatten. Ich vermute, ich liebe sie einfach nicht mehr und sie liebt mich auch nicht mehr. Was kann man da tun?«

Covey: »Die Gefühle sind nicht mehr da?«

»Ja, das stimmt. Und wir haben drei Kinder, um die wir uns wirklich Sorgen machen. Was würden Sie vorschlagen?«

Covey: »Lieben Sie Ihre Frau!«

»Ich sagte doch schon, die Gefühle sind einfach nicht mehr da.«

Covey wiederholte seine Aufforderung: »Lieben Sie Ihre Frau!«

»Sie verstehen nicht: Das Gefühl der Liebe ist nicht mehr da.«

Covey: »Dann lieben Sie sie. Wenn die Gefühle nicht mehr da sind, dann ist das ein guter Grund, sie zu lieben.«

»Aber wie kann man jemanden lieben, den man nicht liebt?«

Covey: »Mein Freund, lieben ist ein Verb, eine Tätigkeit. Die Liebe – das Gefühl – ist eine Frucht des Liebens, des Tuns. Also lieben Sie sie. Schenken Sie ihr etwas, das für Sie ein Opfer bedeutet, seien Sie ihr zu Diensten, hören Sie ihr zu, fühlen Sie sich in sie ein, schätzen Sie sie, bestätigen Sie sie.«

Lieben ist ein Tätigkeitswort. So einfach ist das. Was wir für den Anderen tun, wirkt mehr auf uns selbst, als auf den Anderen. Es kommt also nicht darauf an, ob unsere Aufmerksamkeiten geschätzt werden, es kommt mehr darauf an, dass wir uns um diese Aufmerksamkeiten bemühen – dann werden sie nebenbei sicher auch geschätzt.

Indem wir jemandem zum Beispiel ein kleines Geschenk machen, uns überlegen, was ihm Freude machen könnte, beeinflussen wir uns selbst vielleicht mehr als den Beschenkten. Und so machen wir uns selbst vielleicht das größte Geschenk, auch dann, wenn wir nicht die erwartete Dankbarkeit ernten.

Kätzchen oder Äffchen?
Was tun, wenn uns das Schicksal beutelt?

Die Erzählungen Ramakrishnas, des großen indischen Mystikers des 19. Jahrhunderts, sind heute noch vielen Menschen geläufig. Er sprach einmal von zwei Wegen, in dieser Welt Sicherheit und Geborgenheit zu erlangen.

Der erste Weg ist der des Kätzchens: Es wird von seiner Mutter im Nacken gepackt und in Sicherheit gebracht, wenn Gefahr droht. Das Kätzchen muss nichts dafür tun, es nur zulassen und erkennen, dass der Biss in den Nacken etwas Gutes ist.

Der zweite Weg ist der des Äffchens: Es muss sich mit aller Kraft im Fell der Mutter festkrallen, es muss selbst aktiv werden, wenn es loslässt, man könnte auch sagen, sich gehen lässt, dann ist es verloren.

Wir Menschen haben die Aufgabe zu erkennen, wann wir ein Äffchen und wann ein Kätzchen sind, wenn Gefahr droht und uns das Schicksal beutelt.

»Wir dürfen nie vergessen, dass die Zukunft zwar gewiss nicht in unsere Hand gegeben ist, dass sie aber ebenso gewiss doch auch nicht ganz außerhalb unserer Macht steht; so werden wir uns weder darauf verlassen, dass eintritt, was wir erwarten, noch werden wir verzweifeln, als könne es überhaupt nicht eintreten.«
Epikur

»Erwartungen haben die Tendenz, sich selbst zu erfüllen«.
Autor unbekannt

Der Spiegel
Welches Bild machen wir uns von uns selbst?

Es war einmal vor langer, langer Zeit eine stolze Prinzessin, die lebte zusammen mit ihrem Vater auf einem großen Schloss. Ihre Mutter war sehr früh gestorben und hatte ihrer Tochter einen ganz besonderen Spiegel hinterlassen. Es gab damals noch keine Spiegel, wie wir sie heute kennen. Nur die Prinzessin hatte einen großen, wunderschönen Spiegel mit einem goldenen und reich verziertem Rahmen, der aber die Eigenschaft hatte, dass er ein verschwommenes Bild lieferte, das nur an den Stellen klar und deutlich zu sehen war, die man an sich selbst schön findet. So kam es, dass die Prinzessin, wenn sie in den Spiegel sah, immer nur ihre süßen kleinen Ohren, ihre hübschen Augen, ihre grazilen Schultern und all die anderen schönen Details ihres Körpers sah, nicht aber ihre zu große Nase, die Falten, die sich in ihrem Gesicht schon abzeichneten, oder den eigentlich für ihr Alter schon etwas zu dicken Bauch. Das Bild, das ihr der Spiegel zeigte, war einfach schön und so fand sich die Prinzessin natürlich auch schön und strahlte das auch aus, wenn sie sich in Gesellschaft begab. Es war, als ob ihre Erscheinung und ihre Augen aller Welt sagten, schaut her, wie schön ich bin. Das machte auf ihre Umwelt großen Eindruck. Alle Welt stimmte ihr zu und bestätigte sie in ihrer Meinung.

Das machte sich auch in ihrem Charakter bemerkbar. Die Menschen in dem Land der Prinzessin glaubten, dass eine Person, die schön sei, auch einen guten (schönen) Charakter habe. Auch die Prinzessin war davon überzeugt, dass das auf sie zutraf, und so übersah sie einfach, dass sie oft eitel und selbstsüchtig war, dass sie kein Herz für die Armen in ihrem Land hatte und sich auch gegenüber ihrem Vater nicht sehr liebevoll verhielt. Sie sah nur ihre positiven Eigenschaften: dass sie stolz war, wie sich das für eine Prinzessin gehörte, dass sie scharfsinnig war und dass sie sich immer und schnell ein klares Urteil von Situationen und Menschen bilden konnte. Darüber hinaus war sie sehr an Kunst interessiert und hatte bezüglich der Werke der Künstler, die man ihr präsentierte, ein sicheres und festes Urteil.

Eines Tages besuchte ein Weiser aus einem fremden Land das Königshaus. Er war schon alt und in seinem Leben weit herumgekommen. Er kannte viele Länder und natürlich auch viele Königshäuser. Die Prinzessin interessierte sich sehr für ihn, aber eigentlich nur, weil sie von dem erfahrenen und hoch angesehenen Mann die Bestätigung erhalten wollte, dass sie besonders schön und kunstsachverständig sei.

Der Weise aber ließ sich durch die Stellung und das Auftreten der Prinzessin nicht beeinflussen. Er hatte keine Absichten und versprach sich nichts von dem Königshaus, deshalb war er in seiner Meinung unabhängig und frei, alles zu sagen, wovon er überzeugt war. Er sagte der Prinzessin, dass er gewisse Aspekte von den Kunstwerken, die sie besonders schätzte, auch schön fände, dass er aber bei manchen gewisse Elemente vermisse und Kunstwerke gesehen habe, die noch schöner gewesen seien.

Das ärgerte die Prinzessin etwas. Für sie gab es immer nur schön oder hässlich, gut oder schlecht. Und so kam sie auf ihre eigene Schönheit zu sprechen. Sie dachte wohl, dass der alte Weise es nicht wagen würde, ihr auch hinsichtlich ihrer Meinung, dass sie besonders schön sei, zu widersprechen. Aber da irrte sie sich. Der Weise analysierte die Schönheit der Prinzessin genauso wie die Kunstwerke, die sie ihm gezeigt hatte. Er machte ihr Komplimente, aber er wies sie auch darauf hin, dass ihre Nase eigentlich zu groß geraten sei und dass man das Muttermal, das sie an ihrem Auge hatte, nicht eigentlich als Schönheitsfleck beurteilen könne.

Da wurde die Prinzessin sehr wütend. Sie lief zu ihrem Vater und beschuldigte den Weisen, dass dieser sie beleidigt hätte, und um ihre Vorwürfe noch etwas zu verstärken, behauptete sie auch, dass der Weise zudringlich geworden sei. Während sie mit ihrem Vater sprach, merkte sie, dass ihn die Vorstellung, dass der alte Mann sich an seiner Tochter vergriffen hatte, sehr aufregte und ärgerlich machte, und das wollte sie ja erreichen und daher schmückte sie die »Vergehen« des Alten noch etwas aus.

Das konnte der König natürlich nicht ungesühnt lassen. Seine Gastfreundschaft so zu missbrauchen, musste bestraft werden. Es ließ den alten Weisen in das Burgverlies sperren, auch wenn dieser seine Unschuld beteuerte. In der angesetzten Gerichtsverhandlung stand Aussage gegen Aussage, aber das Wort der Prinzessin zählte natürlich mehr als das eines Fremden, dem man nicht trauen konnte, und so wurde er zu vielen Monaten Kerker verurteilt.

Als sich die Prinzessin am nächsten Tag wie gewöhnlich im Spiegel betrachtete, erkannte sie sich kaum wieder. Auf einmal zeigte ihr der Spiegel alle ihre Makel klar und deutlich, während er ihre Schönheit nur verschwommen wiedergab, so verschwommen, dass sie Mühe hatte, sie überhaupt noch zu erkennen. Sie war entsetzlich unglücklich, konnte kaum in den Spiegel sehen, aber war doch von diesem so angezogen, dass sie nicht in der Lage war, ihn zu ignorieren. Sie betrachtete sich immer wieder, eigentlich, um doch noch ihre Schönheit zu entdecken, aber dadurch wurden ihr die negativen Seiten ihres Aussehens immer mehr bewusst und sie gewann ein neues Bild von sich selbst. Das wirkte sich auch auf die Beurteilung ihres eigenen Charakters aus. Auf einmal wurde ihr klar, dass sie gar keine so untadelige Persönlichkeit war, wie sie sich das bisher eingebildet hatte. Ihr wurde bewusst, dass sie unehrenhaft und rachsüchtig, kaltherzig und mitleidlos sein konnte – wie sich das in ihrem Verhalten gegenüber dem Weisen gezeigt hatte.

Natürlich zerbrach sie sich den Kopf darüber, was den Spiegel verändert haben könnte, was das alles zu bedeuten hatte und ob es etwas mit der Verurteilung des alten Weisen zu tun hatte. Eine Zeit lang dachte sie, dass dieser den Spiegel verzaubert haben könnte, und sie wollte schon neue Anschuldigungen gegen ihn vorbringen, aber besann sich dann anders, denn öffentlich über ihre Schönheit diskutieren zu müssen, das war ihr doch zu peinlich.

Sie überlegte auch einen Moment, ob das veränderte Antlitz vielleicht etwas mit ihr selbst zu tun hatte, ob der Weise nicht den Spiegel, sondern sie verzaubert hätte, vielleicht, während er sie auf ihre Makel hingewiesen hatte. Eines Morgens, kurz nach dem Aufwachen, kam ihr noch im Halbschlaf die Idee, dass das Alles sicher mit dem schlechten Gewissen zu tun hatte, das sie wegen der Verurteilung des Weisen hatte, denn sie konnte die gütigen und unschuldigen Augen des Angeklagten nicht vergessen, in die sie während des Prozesses immer wieder schauen musste.

Schließlich ging sie zu ihrem Vater und gestand ihm, dass sie die Anschuldigungen nur erfunden habe, weil sie wütend darüber gewesen sei, dass der Weise ihr Unfreundlichkeiten gesagt habe, die sich aber auch in ihrem Spiegel bestätigt hätten. Dem Vater war das natürlich sehr unangenehm. Was sollte er tun? Er konnte doch nicht in aller Öffentlichkeit zugeben, dass seine Tochter, die Prinzessin, vor Gericht falsche Anschuldigungen vorgebracht, dass sie gelogen hatte!

Der König überlegte hin und her und fand keine Lösung. Auch seine besten Berater wussten nicht weiter. Doch als der König ihnen harte Strafe androhte, falls sie nicht binnen kurzer Zeit eine Lösung fänden, gingen sie in ihrer Not zu dem alten Weisen in den Kerker.

Der Weise überlegte nicht lange und schlug vor, den Spiegel für all das Unglück verantwortlich zu machen. Umgehend schlugen die Berater dem König diese Lösung vor. Man drehte alles so hin, als ob die Verzerrungen des Spiegels an allem die Schuld hätten, und ließ den alten Weisen frei. Damals gab es noch keine bösen Journalisten, die alles in Frage stellen, was von der Obrigkeit behauptet wird. Daher glaubten die Untertanen die Geschichte bis zuletzt

Der alte Weise hatte auch eine Idee, wie man in Zukunft solche Probleme vermeiden könnte. Er zeigte den Glasern des Königreichs, wie man Spiegel herstellte, die ein klares Bild lieferten, die objektiv waren. Seither gibt es Spiegel, die alles zeigen, schöne und weniger schöne Eigenschaften, und es ist den Menschen überlassen, die sich in dem Spiegel betrachten, was sie in den Vordergrund ihres Bewusstseins holen.

> *»Man ist ja von Natur kein Engel,*
> *vielmehr ein Welt- und Menschenkind.*
> *Und ringsum ist ein Gedrängel*
> *von solchen, die dasselbe sind.«*
> Wilhelm Busch

Ein Märchen, aber eines, das – wie viele Märchen – uns einige wichtige Wahrheiten vermitteln will.

Es geht um das Bild, das jeder Mensch von sich hat. Dieses Bild ist immer wertend, es ist niemals objektiv und es hängt von den »Spiegeln« ab, in denen wir uns sehen.

Neben den Spiegeln aus Glas gibt es da noch die viel wichtigeren Spiegel in Form von anderen Menschen, die uns Rückmeldung über ihre Wahrnehmung unserer Person geben. Auch diese Information über uns ist natürlich wertend und niemals sachlich objektiv. Jeder Mensch, der uns meist indirekt eine Nachricht über eine Beobachtung unserer Person gibt, verfolgt damit ein Ziel. Sei es, dass man dem anderen ein gutes Gefühl geben will, zum Beispiel weil man ihn mag oder auch weil man von ihm etwas will, zum Beispiel weil man sich eine bestimmte Reaktion von ihm wünscht, sich etwa wünscht, dass die Person, der man dieses Feedback gibt, einen selbst in einer bestimmten Weise wahrnimmt. Es kann aber auch sein, dass der Feedbackgeber sein Gegenüber schwächen, »heruntermachen« will, weil die andere Person dem Feedbackgeber im Moment zu stark erscheint und man demonstrieren will, dass man selbst noch stärker ist. Nicht selten möchte der Feedbackgeber den Anderen einfach nur ärgern, um seine eigene Frustration abzureagieren.

Natürlich gibt es noch eine ganze Reihe von weiteren Intentionen, die man damit verbindet, wenn man jemandem etwas über ihn mitteilt. Dabei passiert das meist nicht bewusst. Eine Kommunikationssituation ist viel zu komplex, als dass wir alle auf uns einstürmenden Informationen aus uns selbst und aus unserer Umwelt im Moment der Reaktion analysieren könnten. Wir brauchen auch hier einen »Spiegel«, der uns nur die Stellen deutlich zeigt, die unseren eigenen Wünschen und Erwartungen entsprechen. Welche Information uns nämlich aus dem vielfältigen Angebot bewusst wird, ist nicht durch den Zufall bestimmt. Die Auswahl richtet sich nach den eigenen Erwartungen. Insofern – und das sagt uns das Märchen auch – schaffen wir unsere (wahrgenommene) Welt selbst. Wir sind Schöpfer (Konstrukteur) unserer Umwelt, daher stammt der Begriff der philosophischen Richtung, die diese Erkenntnis in den Mittelpunkt stellt, der Konstruktivismus.

Aber noch etwas Anderes möchte uns dieses Märchen vermitteln: Das Bild, das wir von uns haben, hängt nicht nur

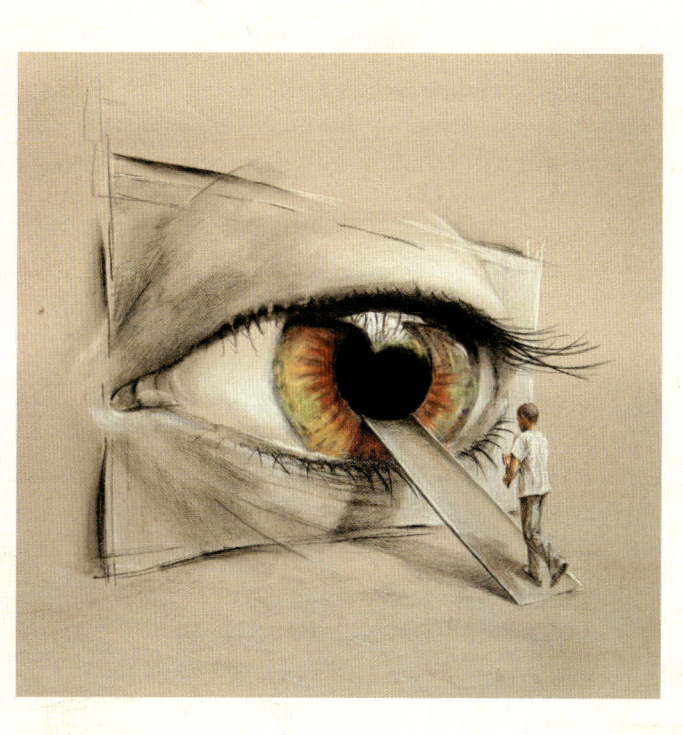

davon ab, was uns die »Spiegel« um uns herum vermitteln, es hängt auch davon ab, was wir den »Spiegeln« vermitteln. Wenn wir uns klein und hässlich fühlen, werden wir unserem Umfeld genau diesen Eindruck vermitteln und ihn bestätigt bekommen. Wenn wir uns dagegen schön und stark fühlen, dann erhöhen wir die Wahrscheinlichkeit, dass wir von der Umgebung auch so wahrgenommen werden. Wir beeinflussen also das Bild, das Andere von uns haben, nicht nur durch die Art, uns zu kleiden und zu frisieren, nicht nur durch die Gegenstände, mit denen wir uns umgeben, sondern auch dadurch, wie wir unser Inneres beeinflussen, welche Gedanken und Gefühle wir über uns selbst in den Vordergrund rücken und so unser Verhalten beeinflussen lassen. Schauspieler tun das, wenn sie ihren Beruf ausüben bewusst, aber wir »Laien« sind bis zu einem gewissen Grad immer auch »Schauspieler«: Wenn wir überzeugen wollen, müssen wir uns zuerst selbst überzeugen.

Das Bild, das wir von uns haben, darf natürlich nicht zu weit von dem Bild abweichen, das sich andere von uns machen. Wenn die Diskrepanz zu groß ist, dann machen wir uns »lächerlich«, das heißt, den anderen Menschen wird diese Diskrepanz bewusst und meist reden sie dann auch mit Anderen darüber, wenn wir als Betroffene nicht anwesend sind. (Das bedeutet natürlich nicht, dass das Bild, das Andere von uns haben, eher der »Wahrheit« entspricht. Oft spielen bei diesem Bild Neid und Missgunst eine Rolle. Eine objektive Wahrheit über das Bild eines Menschen gibt es nicht, es gibt höchstens – und das sehr selten – eine »intersubjektive Übereinstimmung«.)

Gerade für Personen, die eine mächtige Position erreicht haben – es müssen nicht gleich Könige sein –, ist es daher wichtig, dass sie Menschen oder mindestens einen Menschen um sich herum dulden, der es wagt, einem auch unangenehme Wahrnehmungen, die nicht mit dem Selbstbild übereinstimmen, zu vermitteln und so dafür sorgt, dass das Selbstbild nicht zu weit von der übereinstimmenden Meinung der Menschen seiner Umgebung abweicht.

Zur Bedeutung des Selbstbildes und der Rolle, die es in der Kommunikation spielt, könnte man noch viel sagen. Ganze Bücher wurden darüber geschrieben. Das Märchen vermittelt viele dieser Aspekte indirekt und dem Leser wird der Aspekt besonders bewusst werden, der im Moment der wichtigste ist.

Lassen Sie sich nicht durch die theoretischen Erläuterungen verwirren und von der eigenen Situation ablenken. Es kommt immer vor allem auf Sie an und darauf, was Ihnen das Märchen sagt: Konstruktivismus!

»Was ist Realität? Tief in uns ist sie so schwer fassbar wie ein Traum, und wir sind keines Ereignisses sicher.«

Anaïs Nin

Keine Probleme?
Alles eine Frage der Ansicht

Eine Religionsgemeinschaft pflegte ihre Veranstaltungen in einem Hotel abzuhalten, dessen Devise in großen Lettern an den Wänden der Empfangshalle stand: »Es gibt keine Probleme, nur Chancen.«

Ein Mann trat an die Rezeption und sagte: »Entschuldigung, ich habe ein Problem.«

Der Empfangschef erwiderte lächelnd: »Wir kennen keine Probleme, Sir, nur Chancen.«

»Nennen Sie es, wie Sie wollen«, sagte der Mann ungeduldig, »in dem mir zugewiesenen Zimmer ist eine Frau.«

Probleme überwinden

*»... wir können die Kinder nach unserem Sinne nicht formen;
so wie Gott sie uns gab, so muss man sie haben und lieben,
sie erziehen aufs Beste und jeglichen lassen gewähren.«*
Johann Wolfgang von Goethe

Spielsachen in der Garageneinfahrt

Aus Ärger wird Glück, wenn wir unsere Sichtweise ändern

In meiner Erinnerung ist es noch gar nicht so lange her, obwohl seitdem schon viele Jahre vergangen sind: Ich habe vier Kinder und wenn ich von einem anstrengenden Seminar nach Hause fuhr, mich – vor allem an Freitagen – durch dichten Verkehr quälte oder Staus zu ertragen hatte, dann freute ich mich auf die Erholung in meinen eigenen vier Wänden. Bevor ich diese aber erreichen konnte, musste ich neben den schon erwähnten Hindernissen auch noch erleben, dass die Einfahrt in meine Garage durch die Spielsachen meiner Kinder blockiert war. Da lagen achtlos liegen gelassene Dreiräder, Fahrräder, Puppen, Raumschiffe und was sonst noch. Ich musste also erst einmal aussteigen und alles auf die Seite räumen, bevor ich in meine Garage fahren konnte. Eine Kleinigkeit – aber Sie können sich sicher vorstellen, dass das meine Vorfreude auf die Familie etwas dämpfte. Es war nicht gerade die ideale Einstimmung auf den Feierabend, die ich mir gewünscht hatte.

Meist kam noch hinzu, dass es schon spät am Abend war, dass die Kinder schon im Bett waren und ich sie daher nicht auffordern konnte, die Sachen wegzuräumen. Meine Frau meinte in solchen Momenten, dass es für eine »Generalpredigt« nicht die richtige Zeit sei. Ich konnte also noch nicht einmal meiner Wut freien Lauf lassen – es sei denn, ich ließe sie an meiner Frau aus, die doch darauf achten könnte, dass die Kinder das Spielzeug aufräumten. Aber auch das war eine schlechte Strategie, denn sie würde die Harmonie eines schönen Feierabends nicht gerade fördern.

Natürlich habe ich das Thema am nächsten Tag angesprochen, obwohl es mir zu diesem Zeitpunkt eigentlich schon nicht mehr so wichtig war. Aber ich hatte es mir ja vorgenommen. Vielleicht waren meine Erziehungsversuche dadurch, dass ich nicht mehr so dahinter war, nicht so wirksam, denn die Vereinbarung, die ich mit meinen Kindern traf, brachte – wie auch die Male davor – nur kurzfristige Veränderungen. Und das Schlimme war, dass mein Ärger dadurch noch größer wurde – wahrscheinlich deshalb, weil ich mich jetzt auch noch über mich selbst ärgerte, da ich mich bei den Kindern offensichtlich nicht durchsetzen konnte. Sollte ich an meiner Erziehung grundsätzlich etwas ändern, müsste ich nicht eigentlich strenger sein? Also bei meinen Eltern hätte es das nicht gegeben! Solche Gedanken gingen mir durch den Kopf.

Als ich ein paar Wochen später wieder von einem Seminar nach Hause kam, war die ganze Einfahrt erneut voller Spielsachen. Ich hatte mich schon bei der Fahrt erheblich zusammennehmen müssen, um mich nicht über die Staus und die aggressiven Autofahrer zu ärgern. Jetzt auch noch das. Am liebsten wäre ich über alles hinweggefahren, aber damit hätte ich sicher nicht nur die Spielsachen, sondern auch mein Auto beschädigt, und das wollte ich dann doch nicht. Ich stieg also aus und begann zum wiederholten Mal die Sachen auf die Seite zu räumen. Ich bemerkte relativ spät, dass mir mein Nachbar zu Hilfe gekommen war. Wir hatten wenig Kontakt, weil ich so selten da war, aber ich wusste, dass er pensioniert war und dass seine zwei oder drei Kinder vor wenigen Jahren ausgezogen waren.

Als ich ihn bemerkte, ging ich zu ihm und begrüßte ihn.

»Es macht Ihnen doch nichts aus, dass ich ein wenig helfe?«, fragte er. »Wissen Sie, ich bin allein mit meiner Frau und ich vermisse solche Aufgaben so sehr. Ich würde gerne die Zeit zurückdrehen und noch einmal für meine Kinder da sein. Es ist schwer zu akzeptieren, dass Kinder nur eine Leihgabe sind, die man wieder hergeben muss. Genießen Sie die Zeit, in der Sie noch für ihre Kinder sorgen können, es ist eine schöne Zeit und sie vergeht so schnell.«

Mein Nachbar sprach so eindringlich, so voller Hingabe, dass ich mich der Wirkung seiner Worte nicht entziehen konnte. Der Ärger über meine Kinder war verflogen. Eigentlich hatte ich mich bei ihm über sie beschweren wollen, aber das passte jetzt wohl nicht mehr.

Auch als ich schon beim Abendessen saß, gingen mir die Worte meines alten Nachbarn nicht aus dem Sinn und ich erzählte meiner Frau davon. Auch sie machte die Geschichte nachdenklich und wir waren uns bald einig, dass er eigentlich recht hatte und dass wir die Zeit, in der wir unsere Kinder genießen können, nicht durch den Ärger über Kleinigkeiten verderben sollten.

Heute bin ich in der Situation, in der mein Nachbar damals war, meine Kinder sind aus dem Haus. Vielleicht ist das der Grund, warum mir die Geschichte wieder in den Sinn kommt. Wie recht er doch hatte!

Was hatte die Änderung in meinem Kopf ausgelöst? Die Situation war doch gleich geblieben und doch war ich durch das Gespräch mit meinem alten Nachbarn bis zu einem gewissen Grad ein anderer Mensch geworden.

Eigentlich hat der Nachbar nur meine innere Blickrichtung verändert. Es ist ihm gelungen, meine Aufmerksamkeit von dem kleinen Ärgernis weg auf das Glück zu richten, das ich durch meine Kinder erleben durfte. Natürlich war meine Liebe zu den Kindern auch in mir, als ich mich über sie geärgert habe, aber sie war durch diesen Ärger verdeckt. Durch die wenigen Ausführungen des Nachbarn wurde sie in den Vordergrund gerückt.

Eine Umdeutung dieser Art nennt die Psychologie Reframing. Ein Ereignis oder eine Interpretation wird in einen neuen Zusammenhang gestellt und bekommt dadurch eine neue Bedeutung. In der obigen Geschichte hat mein Nachbar für mich diesen neuen Zusammenhang hergestellt. Aber brauchen wir dazu wirklich immer eine andere Person? Können wir einen solchen neuen Zusammenhang nicht selbst herstellen, wenn uns eine Situation nicht passt und wir sie nicht oder nur mit großem Aufwand verändern können?

Auch das ist eine Fähigkeit, die man erlernen und die man üben muss, damit sie einem auch in schwierigen Situationen gelingt. Wenn man sie immer wieder praktiziert, dann kann sie zur zweiten Natur werden und dann gelingt es einem auch, sehr schwierige Situationen umzudeuten und ihnen damit den Schrecken zu nehmen.

Wie viel doch eine solche Neuorientierung für das Erleben bewirken kann!?

»Die Bedeutung der Dinge liegt nicht in den Dingen selbst, sondern in unserer Einstellung zu ihnen.«
Antoine de Saint-Exupéry

Geduld ist eine wichtige Tugend bei der Erziehung.

> *»Die meisten Menschen denken in Gegensätzen:*
> *stark oder schwach, Fußball oder Handball,*
> *gewinnen oder verlieren.*
> *Doch diese Art zu denken ist grundlegend falsch.*
> *Sie beruht auf Positions- und Machtstreben statt auf Prinzipien.*
> *Ein Denken, das beide Parteien als Gewinner sieht,*
> *gründet auf der Idee, dass letztlich genug für alle da ist.*
> *Daher kann der Erfolg eines Menschen*
> *nie aus dem Misserfolg eines anderen hervorgehen.«*
>
> Stephen Covey

Wer darf Sie ärgern?
Vom Umgang mit ungerechten Angriffen

Haben Sie es auch schon einmal erlebt, dass Sie von jemandem geärgert wurden, ohne recht zu wissen, warum? Wie oft passiert es, dass wir uns geschäftlich oder privat ungerecht angegriffen fühlen? Wie sollen wir damit umgehen?

Vielleicht hilft es, wenn wir uns bewusst machen, dass es für viele Menschen ein besonders erhebendes Gefühl ist, wenn sie andere Menschen angreifen, die sie als höher stehend ansehen: Wie viel mehr Spaß macht es doch, einen bedeutenden Menschen anzugreifen? Dadurch wächst man doch auch!

Mir sind solche Gedanken fremd und ich habe Schwierigkeiten, mich in eine solche Position hineinzudenken, aber ich habe schon persönliche Angriffe erlebt, bei der mir eine solche Interpretation sehr geholfen hat.

Ein Kollege hat mich viele Jahre mit immer neuen Anschuldigungen und Prozessen belästigt, die zu nichts geführt haben, außer dazu, dass ich gezwungen war, viel Zeit zu investieren, um mich mit diesen Angriffen und natürlich mit ihm zu beschäftigen. Zuerst dachte ich, der Grund für seine Anschuldigungen liege darin, dass er einen »guten« Rechtsanwalt habe, der ihm immer wieder die Streitfälle als aussichtsreich darstellt, um sein Mandat verlängern und somit mehr Geld verdienen zu können, aber eigentlich glaubte ich nicht daran, dass das ausschlaggebend war.

Da begegnete mir eines Tages eine Geschichte, die mir das Verhalten meines Kollegen in einem neuen Licht erscheinen ließ:

Der Prinz von Wales, der spätere Edward VIII. von England, besuchte eine Militärakademie. Er war gerade vierzehn, als ihn ein Marineoffizier eines Tages dabei ertappte, wie er weinte. Der Offizier frage ihn, warum er so traurig sei. Der Prinz wollte zuerst nicht reden, doch als der Offizier seinen Arm um ihn legte, war er bereit zu erzählen. Er sei von einem Kameraden in den Hintern getreten worden und das passiere immer wieder. Er könne das nicht mehr ertragen.

Der Offizier stellte die Klasse zur Rede und sagte, dass sich der Prinz nicht bei ihm beschwert habe, dass er aber wissen wolle, warum man gerade ihm gegenüber ein so raues Verhalten an den Tag lege.

Nach vielen Ausflüchten, nach Herumstottern und Füßescharren gestanden die Kadetten: Wenn sie selbst einmal Admiräle und Kapitäne wären, wollten sie erzählen können, dass sie den König in den Hintern getreten hätten.

Könnte das ein Teil der Motivation meines Kollegen sein? Natürlich war ich kein König, aber es gab eine Reihe von Hinweisen, dass er mich hoch einschätzte. Er hatte mir zum Beispiel ein großes Foto von einem Stapel meiner Bücher, den er in einer großen Buchhandlung in München entdeckt hatte, geschenkt. Ich konnte ihn leider nicht fragen, ob meine Interpretation stimmte. Ich hätte sicher keine ehrliche Antwort bekommen. Es gab also keine Möglichkeit, diese Idee zu überprüfen. Aber das war auch nicht notwendig. Geholfen hat sie auch so. Seit ich diese Überzeugung hatte, konnten mich auch neue Vorwürfe nicht mehr ärgern. Ich fühlte mich geschmeichelt.

Früher dachte ich, dass ich mich nur »perfekt« verhalten müsse, um Angriffe oder Beschuldigungen von Anderen zu verhindern. Wir lernen oft als Kinder: Wenn du dich richtig benimmst, musst du mit keinen Beschuldigungen rechnen. Leider bestätigen in der Welt der Erwachsenen viele Ausnahmen diese Regel.

Arthur Schopenhauer hat einmal gesagt, dass gewöhnliche Leute großes Vergnügen an den Fehlern und Verrücktheiten bedeutender Menschen hätten. (Ich habe den Eindruck, dass eine ganze Gattung von Gazetten davon lebt, dass sie die tatsächlichen oder nur zugeschriebenen Schwächen von Prominenten in die Öffentlichkeit bringen.) Dale Carnegie hat Beispiele zusammengetragen, die zeigen, dass auch sehr berühmte Leute, die heute von allen anerkannt werden, nicht davor geschützt waren, Angriffe zu ertragen:

Timothy Dwight, ehemaliger Rektor der Yale University, sagte einmal über einen Präsidentschaftskandidaten: »Wenn Sie diesen Mann wählen, könne wir erleben, wie unsere Frauen und Töchter Opfer einer legalen Prostitution werden, offen entehrt, schamlos beschmutzt, verstoßen von Tugendhaften und Zartfühlenden, verabscheut von Gott und den Menschen.«

Das klingt, als ob er vor einem unmoralischen Diktator sprechen würde. Gemeint war allerdings niemand Geringerer als Thomas Jefferson, der Verfasser der amerikanischen Unabhängigkeitserklärung.

Ein Mann, den sicher auch Sie achten, wurde einmal als »Heuchler« bezeichnet, als »Betrüger«, kaum besser als ein »Mörder«. Wenn er durch die Straßen ritt, johlte die Menge und verspottete und beschimpfte ihm. Es war Georg Washington.

Vielleicht liegt die Motivation für solche Verhaltensweisen auch in dem Neid, den Menschen dem Erfolgreichen gegenüber empfinden. Und wie konnte man einmal in dem Nachrichtenmagazin »Der Spiegel« lesen: »Neid ist die deutsche

Form der Anerkennung«. Vielleicht gilt das ja nicht nur für Deutsche.

»Du kannst nicht kontrollieren, was dir widerfährt, aber du kannst deine Einstellung kontrollieren, die du gegenüber dem hast, was dir passiert und dadurch wirst du die Veränderung eher meistern, als dass die Veränderung dich meistert.«

Brian Tracy

Diese Geschichte zeigt, wie wir verhindern können, dass wir uns über Jemanden ärgern: indem wir den Angriffen eine neue Bedeutung geben. Wenn wir uns ärgern, dann interpretieren wir das Verhalten Anderer als Angriff gegen uns. Wir haben es in der Hand, eine andere Interpretation zu wählen. Wir können einer Deutung den Vorzug geben, die mit einem Angriff auf uns nichts zu tun hat, die vielleicht sogar das Gegenteil beinhaltet. Sie kennen sicher die Redensart: »Der ist wohl heute Morgen mit dem linken Fuß zuerst aus dem Bett gestiegen?«, die man anwendet, wenn sich Jemand ohne Grund ärgerlich verhält. Man macht sich damit klar, dass die Ursache der Aggression nur fälschlicherweise in einem selbst gesehen wird, dass aber die eigentliche Ursache eine ganz andere ist. Dabei ist es nicht so entscheidend, ob diese Deutung der Realität entspricht, wichtig ist, dass sie bei uns wirkt.

Es soll allerdings auch Menschen geben, die sich gerne ärgern und die daher auch gerne angegriffen werden. Die brauchen dann natürlich andere Interpretationen ...

»Wahrheit ist überall um dich herum, was zählt ist, wohin du deine Aufmerksamkeit richtest«.

Roger von Oech

Gut und böse zugleich
Wo liegt die Wahrheit?

Eines Tages kam der Prophet Mohammed mit seinem Begleiter in eine Stadt. Er war eingeladen, um dort zu lehren. Bald kam einer seiner Anhänger und warnte ihn: »Herr, diese Stadt ist schlimmer als andere Städte. Hier herrscht die Dummheit. Die Bewohner sind verbohrt und hören auf Niemanden. Du wirst vergebens dein Wort an sie richten. Du wirst keines der Herzen dieser dummen, unbelehrbaren Bewohner bekehren.«

Der Prophet lächelte gütig und antwortete: »Vielen Dank für deinen Rat. Du hast sicher recht.«

Wenig später kam ein anderer Bewohner der Stadt zu ihm. »Herr«, begann er voll freudiger Erregung, »es ist so schön, dass du gekommen bist. Die Menschen sehnen sich danach, dich zu hören. Du wirst nur offene Herzen vorfinden. Wir werden deinem Wort folgen.«

Der Prophet lächelte auch diesen Bewohner an und antwortete. »Vielen Dank für deine freundliche Begrüßung. Du hast sicher recht.«

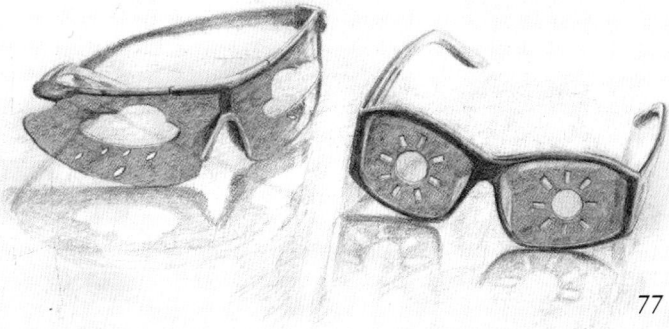

Da wunderte sich der Begleiter des Propheten und er sagte: »Herr, verzeih, aber du hast dem ersten Mann gesagt, dass er recht habe, und du hast das Gleiche zu dem zweiten gesagt, obwohl doch beide genau das Gegenteil behauptet haben. Schwarz kann doch nicht zugleich weiß sein!«

Der Prophet erwiderte: »Jeder sieht die Welt mit anderen Augen, mit seiner Wahrnehmung erschafft er sich seine Welt. Wozu sollte ich der Meinung der beiden widersprechen? Der Eine sieht in die eine Richtung und bemerkt das Böse und der Andere sieht in die andere Richtung und bemerkt das Gute. Wie kommst du auf die Idee, dass einer der beiden etwas Falsches sieht? Wie überall sind die Menschen hier böse und gut zugleich. Beide haben mir nichts Falsches gesagt, sondern nur Unvollständiges.«

Indem jeder seine eigene Blickrichtung wählt, oder eine ihm gemäße Brille aufsetzt, schafft er sich seine subjektive Realität. Wenn wir uns ärgern, liegt das oft daran, dass wir bewusst oder unbewusst einer bestimmten Realität den Vorzug gegeben haben oder wie ich es im Anschluss an die Geschichte von dem Spielzeug in der Garageneinfahrt gesagt habe, in den Vordergrund des Bewusstseins schieben. Schwarz und Weiß, Plus und Minus sind oft gleichzeitig vorhanden, es ist unsere Entscheidung, worauf wir uns konzentrieren.

»Je länger ich lebe, desto mehr wird mir klar, wie wichtig Einstellungen im Leben sind.

Einstellungen sind für mich wichtiger als Fakten.

Sie sind wichtiger, als die Vergangenheit, als die Erziehung, als das Geld, als die Umstände in denen ich lebe, als Misserfolg, als Erfolg, als das, was andere Leute sagen oder tun. Sie sind wichtiger als unsere Erscheinung, unsere Begabung oder unsere Geschicklichkeit.

Sie können ein Unternehmen, eine Kirche oder ein Zuhause erschaffen oder zu Fall bringen.

Das Bemerkenswerte daran ist, wir haben jeden Tag die Wahl hinsichtlich der Einstellung, mit der wir den Tag einkleiden wollen.

Wir können nicht unsere Vergangenheit ändern ...

Wir können nicht die Tatsache ändern, dass Menschen in einer bestimmten Weise handeln ...

Wir können nicht das Unausweichliche ändern ...

Das Einzige, was wir tun können, ist, auf der einen Saite zu spielen, die wir haben, und das sind unsere Einstellungen.

Ich bin überzeugt, dass das Leben zu 10% aus dem besteht, was sich für mich ereignet und zu 90% aus dem, wie ich darauf reagiere.«

Und das gilt auch für dich – wir werden umsorgt von unseren Einstellungen.«

Charles Swindoll

»Der Glückliche ist mit sich und seiner Umgebung einig.«.
Oskar Wild

Glück oder Unglück?
Die Kunst, die Dinge in der richtigen Perspektive zu sehen

Vor vielen Jahren lebte in einem kleinen Dorf, weit weg von der nächsten großen Stadt, ein einfacher Bauer. Er hatte ein Pferd, einen Hengst, um das ihn alle anderen Bauern beneideten. Es war schön und dabei stark und gelehrig und für alle Arbeiten einsetzbar. Wenn die anderen Bauern ihn mit diesem Pferd sahen, sagten sie: »Du hast Glück, dass du dieses Pferd hast.« Er antwortete nur: »Vielleicht, wer weiß!«

Eines Tages war der Hengst verschwunden. Er war wohl durch das offen gelassenen Gatter weggelaufen. Als die Nachbarn das erfuhren, bemitleideten sie den Bauern und versuchten ihm Trost zuzusprechen. Aber als sie ihm sagten: »Du bist zu bedauern«, antwortete er nur: »Vielleicht, wer weiß!«

Wenige Tage später kam der Hengst zurück und brachte in seinem Gefolge noch einige Wildpferde mit. Die anderen Bauern sahen das und beglückwünschten den Bauern. Sie waren ganz begeistert und sagten: »So ein Glück kannst auch nur du haben!« Er antwortete: »Vielleicht, wer weiß!«

Als sein Sohn in den nächsten Tagen versuchte, eines der Wildpferde zuzureiten, geschah ein Unglück. Das Wildpferd warf ihn ab und er brach sich einen Arm. Die Nachbarn nahmen auch an diesem Ereignis großen Anteil. Sie kamen zu ihm, um nach seinem Sohn zu sehen, wünschten gute Besserung und bedauerten dieses Pech. Der Bauer antwortete: »Pech? Vielleicht, wer weiß!«

In der nächsten Woche kamen die Rekrutierungsoffiziere der Armee des Kaisers. Sie holten alle jungen Männer, damit diese in einem Krieg in einem fremden Land kämpfen sollten. Den Sohn des Bauern nahmen sie nicht mit, sie hatten keine Verwendung für einen Kranken. Mit seinem gebrochenen Arm war er wertlos für sie. Die Nachbarn meinten, was der Bauer doch für ein Glück habe. Er aber antwortete nur »Vielleicht, wer weiß!«

Die Geschichte will uns zeigen, dass wir nie wissen können, was das Schicksal mit uns vorhat, ob ein Ereignis, das wir zunächst als Unglück definieren, nicht schließlich doch unser Glück ist, und umgekehrt.

Ich habe mir die Überzeugung oder besser die Einstellung antrainiert, dass es das Schicksal grundsätzlich gut mit mir meint. Und immer dann, wenn etwas nicht so läuft, wie ich das erwartet oder erhofft habe, dann frage ich mich, was wohl Gutes daran sei. Ich sage mir dann, dass mein Schicksalslenker einen besseren Überblick hat und daher auch besser entscheiden kann, was gut für mich ist. Wobei die Frage natürlich offen bleibt, wonach man beurteilen will, was gut für einen ist. Ist es ein momentanes Wohlergehen, ist es langfristige Zufriedenheit, ist es geistiges Wachstum oder kommt es vor Allem darauf an, dass wir zu uns selbst finden? Ist auch die Beantwortung dieser Frage nicht dem Schicksal zu überlassen? (Sie können statt »Schicksal« natürlich auch »Gott«, »Allah« oder »großer Manitu« sagen.)

Sie werden jetzt wahrscheinlich solche Überlegungen als »Hirngespinste« abtun und sich fragen, ob ich wirklich überzeugt sei, dass das Schicksal an mir persönlich Interesse habe. Ein kritischer Mensch unserer Zeit könne doch daran nicht glauben!

Natürlich gibt es einen großen Bereich in mir, der Ihnen zustimmt und der nicht an solche Fantasien glaubt. Mein Selbstbild ist schließlich das eines aufgeklärten Intellektuellen. Aber auf der anderen Seite erlebe ich, dass es einem gut tut, an so etwas zu glauben, dass man in den meisten Fällen tatsächlich etwas Gutes findet, wenn man danach sucht, auch wenn das Schicksal vordergründig betrachtet einem noch so übel mitspielt. Es scheint so zu sein, dass es sich hier um eine Überzeugung handelt, die sich selbst bestätigt. Warum soll man also nicht an etwas glauben, wenn es einem hilft – und vielleicht ist ja doch etwas Wahres dran. Vielleicht, wer weiß!

»Das Rezept für Wohlergehen erfordert weder positives noch negatives Denken allein, sondern eine Mischung aus viel Optimismus, um mit Hoffnung versehen zu werden, einem Spritzer aus Pessimismus, um Selbstzufriedenheit zu verhindern, und genügend Realismus, um die Dinge voneinander zu trennen, die wir kontrollieren können und die, bei denen wir es nicht können.«

David G. Myers

»*Der Mensch von heute muss Mut zu sich selbst haben.*«
Erich Fromm

Vom Mut, es zu wagen
Viele Chancen verstreichen ungenützt

Ein König hatte einen wichtigen Posten zu vergeben. Er hatte viele weise, kluge und kräftige Männer in seinem Reich und war sich nicht sicher, wem er diesen Posten geben sollte. Da versammelte er alle Anwärter, stellte sie vor ein Problem und versprach, dass derjenige, der es lösen würde, den Posten bekäme.

Er führte alle Männer in einen hellen Raum und zeigte ihnen ein riesengroßes Türschloss, so groß, wie es noch niemand bisher gesehen hatte.

»Ihr weisen und klugen Herren, dieses Schloss ist mir zugefallen und ich habe keinen Schlüssel. Wer von euch kann mir dieses Schloss öffnen?«

Ein Teil der Anwesenden gab sofort beim Anblick des Schlosses auf. Die anderen sprachen leise miteinander und schüttelten den Kopf. Einige besonders weise unter ihnen ließen sich von der so entstandenen Stimmung der Mutlosigkeit nicht anstecken und untersuchten das Schloss genau. Nach einiger Zeit gaben aber auch sie auf und sagten dem König, dass sie das Schloss nicht öffnen könnten. Als das die Anderen gesehen und gehört hatten, waren sich alle einig, dass es unmöglich sei, dieses Schloss zu öffnen.

Aber da gab es noch einen Wesir, der sich durch den Pessimismus der Anderen herausgefordert fühlte. Die Anderen tuschelten und lachten verhalten, als er zu dem Schloss ging. Er untersuchte das Schloss mit seinen Blicken und Fingern, versuchte hier und da, ob es beweglich sei, und zog schließlich mit einem Ruck an dem Schloss – und zur Überraschung der Anwesenden öffnete es sich.

Das Schloss war nur angelehnt gewesen und nicht ganz zugeschnappt. Es kam nur darauf an, dass man genügend Selbstvertrauen, Mut und Tatkraft besaß, die Chance zu nutzen und energievoll zu handeln.

Der König freute sich, einen Mann für seinen Posten gefunden zu haben. Er sagte zu ihm: »Du wirst die Stelle erhalten, denn du lässt dich nicht von allgemeiner Mutlosigkeit anstecken, du verlässt dich nur auf deine eigene Wahrnehmung, du bist bereit, deine Kräfte einzusetzen und eine Probe zu wagen, auch wenn du damit riskierst, dich der Lächerlichkeit preiszugeben.«

Wie viele Chancen verpassen wir, wie viele Türen bleiben ungeöffnet, weil wir zu schnell aufgeben? Natürlich ist es gefährlich, sich zu sehr auf eine Aufgabe einzulassen. Wir riskieren Enttäuschungen und je mehr wir uns bemüht haben, je mehr Energie wir in die Lösung eines Problems oder in eine Aufgabe gesteckt haben, desto schmerzlicher ist es, wenn wir feststellen, dass wir es wirklich nicht schaffen, nicht schaffen können, dass wir gescheitert sind. Jeder von uns hat im Kleinen oder Großen genug einschlägige Erfahrungen, musste oft genug aufgeben. Andererseits unterscheiden sich die, die es schaffen, von denen, die es nicht schaffen, nicht gerade darin, dass diejenigen, die es schaffen, einfach nicht aufgegeben haben?

Das Leben hat viel zu bieten, für den einen mehr, für den anderen weniger. Wie viel es zu bieten hat, hängt auch davon ab, welche Chancen wir nutzen, welche Türen wir aufmachen. Wie oft wagen wir es nicht, unser behagliches Leben, in dem wir uns so trefflich eingerichtet haben, zu verlassen, selbst dann nicht, wenn die Behaglichkeit – wenn wir ehrlich zu uns sind – längst einem täglichen Einerlei und damit einer Langeweile gewichen ist oder wenn wir uns eigentlich nur noch widerwillig den immer neuen, wenig erfreulichen Bedingungen anpassen.

Nicht hinter jeder Tür, die uns das Leben zeigt, finden

wir etwas Schönes, aber wenn wir sie nicht öffnen, dann finden wir sicher nichts Neues.

Edison ist ein berühmtes Beispiel dafür. Er war besessen von der Idee, elektrischen Strom in Licht zu verwandeln. Er unternahm mehr als 10000 erfolglose Versuche, eine Glühbirne zu entwickeln, die einige Zeit Licht gibt. Als ihm eines Tages sein Freund und Berater vorschlug, das ganze Projekt aufzugeben, da es offensichtlich hoffnungslos sei und nur die Kraft und Energie von ihm auffräße, ohne zu Ergebnissen zu führen, antwortete ihm Edison mit voller Überzeugung und einigem Erstaunen: »Warum, ich habe doch nicht nutzlose Energie vergeudet. Ich habe 10.000 Wege gefunden, wie eine Glühbirne nicht funktioniert. Ich habe mit Erfolg 10.000 Wege entdeckt, die zu keinem Ergebnis führen.«

Edison hat über 2000 Patente angemeldet. Seine Ausdauer hat sich für ihn offensichtlich gelohnt. Die langen, oft beschwerlichen Wege, die zu solchen Erfolgen führen, bleiben oft unbemerkt.

Berühmt geworden ist sein Satz:

> *»Ein Genie besteht zu einem Prozent aus Inspiration und zu 99 Prozent aus Perspiration (Schweiß)!«*

Wie viel Ausdauer haben Sie, wenn es darum geht, Ihre Visionen umzusetzen?

Wie oft lassen Sie sich von den Bedenken der Menschen in Ihrer Umgebung oder von Experten entmutigen?

Wie oft lassen Sie sich von der negativen Stimmung der Mehrheit anstecken (durch die sogar eine Wirtschaftskrise ausgelöst werden kann)?

»*Deine Vergangenheit ist wichtig, aber sie ist nicht annähernd so wichtig, wie deine Gegenwart: die Art in der du die Zukunft siehst.*«

Zig Ziglar

»Er ist jede Minute bei dir!«
Die vergessene Tasche oder: Gibt es Engel?

Auf der Rückreise von einem geschäftlichen Termin in New York hatte ich alle meine wichtigen Papiere wie Tickets, Reisepass, Kreditkarten und so weiter im Taxi liegen lassen. Ich fand mich am Flughafen mit meiner schmutzigen Wäsche, aber ohne all die wichtigen Dinge, die man für eine Auslandsreise braucht, wieder.

Ich bin viel unterwegs und habe mich schon manches Mal gefragt, was machst du eigentlich, wenn …? Ich weiß, dass ich früher völlig verzweifelt gewesen wäre, aber damals kam mir mein Training zugute, mit dem ich immer wieder versuchte, auch in schwierigen Situationen die Verantwortung für meine Gefühle und Stimmungen zu übernehmen. Ich fragte mich also nicht, warum mir das passieren konnte, und ich ärgerte mich auch nicht über mich selbst, sondern ich sah in der Situation ein Abenteuer und war gespannt, wie es ausgehen würde. Ich war guter Stimmung, aber ich ahnte noch nicht, wie viel ich aus dieser Geschichte lernen würde.

Ich sah mich also um und fragte mich, was jetzt wohl zu tun sei. Da kam auch schon eine Dame von der Lufthansa auf mich zu und fragte, ob sie mir helfen könne.

Siehst du, da kommt schon Hilfe dachte ich. »Ob Sie mir helfen können, kann ich nicht beurteilen«, antwortete ich und fügte mit einem Lächeln hinzu: »Aber ich gebe Ihnen eine Chance, mir zu helfen.« Dann erzählte ich ihr, was gerade passiert sei.

Sie war sehr zuversichtlich und meinte: »Das kriegen

wir schon!« (Ich muss dazu sagen, dass sich das alles vor dem 11. September 2001, dem Attentat auf das World Trade Center, abspielte. Ich weiß nicht, ob ich heute auch noch so viel Zuversicht begegnen würde.)

Wir gingen zusammen zum Ticketschalter, wo ich neue Tickets bekam, nachdem die Lufthansa-Mitarbeiter mich im Computer gefunden hatten. Meine Zuversicht wuchs. Ich flog nicht nach Hause nach München, sondern zu meiner Familie, die auf Sylt Ferien machte. Die Dame von der Lufthansa ließ mich dann noch mit meiner Frau auf Sylt telefonieren und die versprach, mit einem Fax den Düsseldorfer Grenzbeamten mein Kommen und die Tatsache, dass ich ohne Papiere käme, anzukündigen.

Ich dachte, dass nun alles geregelt sei, und wollte langsam zum Gate, denn es war nicht mehr viel Zeit bis zum Abflug des Flugzeugs. Ich wollte also einchecken, als mich die Dame, der ich stolz mein Ticket zeigte, um meinen Reisepass bat. Ich erwiderte ihr, dass ich keinen hätte, worauf sie meinte, ein Führerschein würde auch ausreichen.

»Ich habe auch keinen Führerschein!«, sagte ich.

»Eine Kreditkarte mit einem Bild von Ihnen reicht auch.«

»Ich habe auch keine Kreditkarte!«

Sie schaute mich irritiert an und meinte dann, während sie mit dem Finger auf mich zeigte: »Dann kommen Sie nicht in dieses Flugzeug! Sie müssen sich zuerst auf dem Konsulat neue Ausweispapiere besorgen.«

In diesem Augenblick fühlte ich, wie sich meine Zuversicht langsam verflüchtigte. Was sollte ich nur machen? Es war Feitagabend und ich konnte doch nicht ohne Kreditkarten und Geld ein Wochenende in New York verbringen, bis ich am Montag zum Konsulat gehen könnte.

Aber da kam die Dame, die mir am Anfang geholfen hatte. Sie hatte die Situation erfasst und kannte die richtige Lüge, mit der ich in das Flugzeug kommen würde: »Den

Herrn Martens holt doch seine Frau in Düsseldorf (dem Zielort des Flugzeugs) am Flughafen ab und da hat sie auch seine Papiere dabei. Sie können ihn ins Flugzeug lassen.«

Das war meine Rettung. Durch diese Lüge kam ich in letzter Minute in das Flugzeug und flog Richtung Deutschland. Ich fliege gerne, aber der Flug war nicht sehr angenehm, denn es wurde mir klar, was noch alles in der Tasche gewesen war und was ich eigentlich unbedingt brauchte: Mein Kalender mit Terminen, die zum Teil auch meine Sekretärin nicht hatte, relativ viel Bargeld, Erinnerungsstücke, Adressen und so weiter. Aber ich sagte mir auch: Ich weiß noch nicht, wofür, aber zu irgendetwas ist das sicher gut. Mal sehen, was das Schicksal für mich noch bereithält.

In Düsseldorf ging ich an der vor der Passkontrolle wartenden Schlage vorbei – ich hatte ja sowieso keinen Pass –, winkte einen Sicherheitsbeamten herbei und sagte ihm, ich sei der Passagier, der keine Papiere habe, er habe sicher schon ein Fax bekommen, in dem mein Kommen angekündigt werde. So war es denn auch und er ließ mich ohne weitere Fragen durch, sodass ich noch rechtzeitig den Anschlussflug nach Sylt erreichte.

In Sylt erreichte mich die Nachricht, dass die Lufthansa-Dame veranlasst habe, dass mir etwas nachgeschickt werde, von dem sie aber nicht wisse, was es sei (sie hatte zum Zeitpunkt der Absendung keinen Dienst mehr gehabt). Am nächsten Morgen fuhr ich also noch einmal zum Flughafen und schon beim Betreten der sehr kleinen Halle sah ich meine Tasche auf dem Tresen stehen! Und es fehlte nichts! Die Lufthansa hatte lediglich die Tickets herausgenommen und der Taxifahrer einen Zettel hineingelegt, auf dem er sich entschuldigte, dass er erst so spät bemerkt habe, dass ich meine Tasche vergessen hatte. Als er dann zum Flughafen zurückgekommen sei, sei das Flugzeug schon weg gewesen. Den letzten Satz auf dem Zettel werde ich nie vergessen: Er lautete: »God bless you and never forget, he is every minute with you!« (»Gott segne dich und vergesse niemals, dass er jede Minute bei dir ist.«) Mir kam es vor, als ob mir der Taxifahrer mit seiner Handlung gerade das bewiesen hatte.

Meine Frau meinte dazu, dass dieser Taxifahrer sicher ein Engel gewesen sei.

»Das ist doch wohl nicht dein Ernst?«, fragte ich sie ungläubig.

Wir waren beide aus der Kirche ausgetreten und ich hatte noch nie einen Hinweis erhalten, dass meine Frau an die Existenz von Engeln glaubte. Als aufgeklärter Mensch war ich der Überzeugung: »Engel gibt es natürlich nicht!«

Andererseits, so dachte ich, sollte man sich auch nicht von Vorurteilen leiten lassen und so neue Erkenntnisse unmöglich machen. Schließlich hat sich der Taxifahrer wirklich außergewöhnlich verhalten: Ein normaler Taxifahrer hätte sicher die Tasche genommen, alles für ihn Verwertbare, wie zum Beispiel das Geld, herausgenommen und den Rest weggeworfen. Wenn Jemand das nicht tut und die Tasche zurückgibt, ohne sich zu bereichern und ohne Erwartung einer Belohnung (er hatte keine Adresse auf dem Zettel hinterlassen und ich konnte noch nicht einmal den Namen, mit dem er unterschrieben hatte, entziffern), und dann auch noch auf Gott verweist, vielleicht ist es dann doch ein Engel?

Meine Frau bezeichnete mit dem Begriff Engel Menschen, deren Verhalten den Eindruck vermittelt, als seien sie in erster Linie auf dieser Welt, um Anderen zu helfen. Wenn man diese Definition akzeptiert, dann war der Taxifahrer vielleicht wirklich ein Engel – und das Verrückte ist: Wenn man diese Definition einmal akzeptiert hat und dann weiter nach Engeln sucht, dann findet man auch welche – wenn auch selten.

»Nicht jeder der von einem Engel erleuchtet wird, erkennt, dass er von einem Engel erleuchtet wird.«
Thomas von Aquin

Ob wir für uns beschließen, dass es Engel gibt, ist jedem Einzelnen überlassen. Aber dass es hilfreich ist, eine Gestaltergrundhaltung zu besitzen, hat sich in dieser Geschichte deutlich gezeigt. Ich behaupte nicht, dass der Ausgang der Geschichte mit der Gestaltergrundhaltung zu tun hat, aber meine emotionale Verfassung während dieses Abenteuers hat ganz sicher damit zu tun.

*»Erwarte das Beste. Bereite dich auf das Schlimmste vor.
Mache das, was kommt, zu deinem Kapital.«*
Zig Ziglar

Gedankliche Vorbereitung kann helfen
Ein psychologisches Experiment

Immer wieder gelingt es Psychologen, Experimente zu entwerfen, mit denen man nicht nur Zusammenhänge besser erkennt, sondern die auch anschaulich machen, wie man diese Zusammenhänge im täglichen Leben umsetzen kann.

In dem hier geschilderten Experiment ging es darum, dass man prüfen wollte, ob es hilft, wenn man sich mit bevorstehenden Schwierigkeiten vorher gedanklich auseinander setzt:

Man stellte einen kleinen Wohnwagen vor einen sehr beliebten Supermarkt, um in ihm die Hausfrauen, die dort einkaufen gingen, zu befragen. Man hatte festgestellt, dass vor Allem am späteren Nachmittag der Supermarkt sehr voll war, dass man an der Kasse lange Schlangen in Kauf nehmen musste und dass man auch bei der Auswahl der Waren immer wieder durch die Enge und die vielen Kunden gestört wurde.

Einige zufällig ausgewählte Hausfrauen wurden in den Wohnwagen gebeten und in zwei Gruppen aufgeteilt. Die Frauen der einen Gruppe wurden gefragt, und dabei auf die bevorstehende Situation gedanklich vorbereitet, was sie erwarten würden, ob sie glaubten, dass es eine lange Schlange an der Kasse gebe und so weiter. Die Frauen der anderen Gruppe wurden nur gefragt, was sie einkaufen würden.

Als die Hausfrauen mit dem Einkaufen fertig waren, wurden sie noch einmal gefragt, wie sie den Einkauf empfunden haben. Es zeigte sich, dass die Hausfrauen, die sich gedanklich auf die Situation im Supermarkt vorbereitet hatten, das Einkaufen gar nicht als so unangenehm empfunden haben. Die typische Aussage lautete: »Es war eigentlich gar nicht so schlimm, ich hatte gedacht, es würde schlimmer werden.« Die Frauen, der anderen Gruppe, die nur nach dem Einkaufszettel gefragt worden waren, waren dagegen gestresst, beklagten sich über die Gereiztheit der Verkäufer und die Enge im Supermarkt. Eine typische Aussage lautete: »Es war entsetzlich, man sollte wirklich vermeiden, zu dieser Zeit einzukaufen, und die Verkäufer könnten wirklich besser ausgebildet oder ausgesucht werden.«

Sich gedanklich auf schwierige Situationen vorzubereiten, in denen man mit Stress rechnen muss, hilft also, diesen Stress zu reduzieren. Diese Erkenntnis kann man auch ohne psychologisches Experiment im Alltag häufig nutzen.

Hierbei handelt es sich (nach Kuhl, siehe Julius Kuhl/Jens Uwe Martens: »Die Kunst der Selbstmotivierung«) um eine Methode, das Selbstsystem zu aktivieren. Wer sich darin übt, Zukünftiges vorherzusagen, immunisiert sich gegen Rückschläge und Misserfolge. Wer Vorhersagen trifft, beteiligt sich aktiv an der Gestaltung der Zukunft.

Wir können das immer dann zu einer Gewohnheit werden lassen, wenn wir damit rechnen müssen, dass wir mit schwierigen Situationen konfrontiert werden: Wie heftig wird die Kritik des gefürchteten Kollegen oder des Chefs morgen ausfallen? Was wird er sagen, um mich zu treffen und klein zu machen? Wenn ich die letzte vergleichbare Situation als Vergleich nutze und als hundertprozentig betrachte, wie viel Prozent wird die Kritik morgen betragen? Oder bezogen auf die eigene Person: Wenn ich meine Reaktion beim letzten Mal als hundertprozentig betrachte, wie sehr wird es mich morgen treffen? Womit kann ich die Kritik in mir entschärfen? Wie kann ich meinem Kritikern begegnen?

Eine solche Übung nutzt zwei Formen zur Aktivierung des Selbstsystems, um zukünftige Rückschläge aufzufangen: Differenzierung und Vorhersage. Wenn man sie regelmäßig nutzt, stellen sich früher oder später andere Leistungen dieses Systems ein: Es fallen einem plötzlich neue Handlungsmöglichkeiten ein: Zum Beispiel: »Ich könnte ja dem kritischen Kollegen oder dem Chef ein nettes Kompliment über seine Arbeit machen!« Man wird durch die Aktivierung des Selbstsystems auch achtsamer, das heißt, man merkt, dass die breit gestreute Aufmerksamkeit des Selbstsystems dazu führt, dass man zum Beispiel alle Mienen und Reaktionen der Anwesenden besser wahrnimmt als sonst, sodass man rascher und angemessener auf die entstehende Stimmung in der Gruppe reagieren kann. Man wird vor Allem auch gelassener, weil man spürt, dass man auf seine ganze Erfahrung zurückgreifen kann, man ist überzeugt, das einem »schon etwas einfallen« wird.

> *»Auf lange Sicht formen wir unser Leben*
> *und wir formen uns selbst.*
> *Der Prozess endet niemals, bis wir sterben.*
> *Und die Entscheidungen, die wir treffen,*
> *liegen letztlich in unserer eigenen Verantwortung.«*
>
> Eleanor Roosevelt

»Mir grauet vor der Götter Neide«
Wie kann man glücklich sein, wenn das Schicksal zuschlägt?

Das Feuer im Kamin prasselte. Wir schauten in die Flammen, ohne zu sprechen. Wir hielten unsere Hände und waren einfach glücklich. »Wieso«, so fragten wir uns immer wieder, »dürfen wir so viel Glück erleben?« Wir kannten uns nun schon seit vielen Jahren. Unsere Liebe war langsam gewachsen. Vor sechs Jahren hatten wir uns dann heimlich verlobt. Wir kauften uns Ringe, aber wir trugen sie verborgen, mit einem Kettchen um den Hals, unter dem Hemd beziehungsweise unter der Bluse. Wir hatten Angst, dass die zarte Pflanze unserer Liebe durch die Kommentare der Umwelt schaden nehmen könnte. Zwei Jahre später gab es diese Bedenken nicht mehr. Wir verlobten uns offiziell, um dann weitere zwei Jahre später, wir waren endlich volljährig, zu heiraten. Wieder zwei Jahre später war ein Baby unterwegs. Wie sehr freuten wir uns darauf. Unsere Liebe würde sich in einem eigenen Leben manifestieren. Wir konnten uns nicht vorstellen, dass es auf dieser Welt Jemanden geben könne, der in diesem Augenblick glücklicher war als wir – oder auch nur genau so glücklich.

Aber wie heißt es in Schillers berühmter Ballade »Der Ring des Polykrates«, nachdem Polykrates seinen so hoch geschätzten Ring, den er als Opfer für die Götter ins Meer geworfen hatte, im Magen eines Fisches wiederfand:

*»Mir grauet vor der Götter Neide:
Des Lebens ungemischte Freude
Ward keinem Irdischen zu Theil.«*

Auch daran dachten wir. Wir hatten uns schon oft darüber unterhalten und es war uns beiden klar, dass wir zwar unendlich glücklich waren, dass es da aber auch diesen Hauch der Vorahnung gab.

Die Geburt verlief ohne Komplikationen. Damals war es noch verpönt, dass der Vater bei der Geburt dabei war. Nachdem ich meine Frau ins Krankenhaus gefahren hatte, bat sie mich, ihren schönen Morgenmantel aus der Reinigung zu holen – für die Besucher, die an unserem Glück teilhaben wollten. Als ich zurück ins Krankenhaus kam, war mein Sohn schon geboren. Zu allem Glück auch noch ein Sohn, ein Stammhalter!

Doch bei der ersten Untersuchung zeigte sich, dass unser Sohn keine Hoden hatte. Man beruhigte uns, die würden aus dem Bauch in den nächsten Monaten herunterwandern. Ärzte versuchen immer, auch durch noch so unrealistische Hoffnungsschimmer das Unglück abzuschwächen. Ich war arglos und glaubte daran, aber nach einem Jahr und nach weiteren Untersuchungen wurde deutlich: Mein Sohn hatte keine Hoden, ein Geburtsfehler! Er würde nie ein »richtiger« Mann werden!

*»Des Lebens ungemischte Freude
Ward keinem Irdischen zu Theil.«*

Da war es also das Unglück!

»Geteilte Freude ist doppelte Freude, geteiltes Leid ist halbes Leid«, so heißt es in einem Sprichwort, aber wenn man aus den Höhen des Glücks kommt und ein solches Unglück erlebt, dann ist auch ein solches, mit seiner geliebten Frau geteiltes Unglück – einfach nur schrecklich.

»Jetzt ist unser ganzes Glück vorbei!« So durchfuhr es

uns. »Glück ist für Andere!« »Warum muss das gerade uns passieren?« Das waren die Gedanken, die uns jetzt begleiteten und die ausgesprochen oder unausgesprochen in unserem Kopf hin und her flogen.

Ich habe einen guten Freund aus Kindertagen, der sehr mit uns gelitten hat. Er hatte vor Kurzem sein Examen in Medizin gemacht. Eines Tages kam er zu mir und schenkte mir eine neue Sicht auf mein Unglück:

»Sieh mal, ein solcher Geburtsfehler kommt sehr selten, aber immer wieder einmal vor. Ist es von unserem Schöpfer nicht sehr weise eingerichtet, dass gerade ihr die Eltern eines solchen Kindes seid? Ihr habt so viel Liebe zu geben und darüber hinaus bist du Psychologe und wirst als solcher in der Lage sein, deinem Sohn trotzdem ein erfülltes Leben zu ermöglichen.«

Aus der Frage: »Warum gerade wir, womit haben wir das verdient?«, die in die Vergangenheit gerichtet war, wurde eine Aufgabe, die in die Zukunft gerichtet war. Aus dem »Warum?« wurde ein »Wozu?«!

Das erste Mal erlebte ich, dass wir es in der Hand hatten, das zu interpretieren, was uns widerfährt, und dass diese Interpretation einen großen Einfluss auf den Seelenzustand hat. Wir nahmen die Aufgabe an. Ich besprach diese Idee mit meiner Frau und wir waren überzeugt, dass unser Freund recht hatte. Wir waren sicher, wir würden diese Aufgabe meistern. »Wer sonst, wenn nicht wir?«

Ich setzte mich mit Spezialisten in Verbindung, die solche Fälle begleitet und behandelt hatten. Ich las alles über Hormonbehandlung und über künstlich eingeleitete Pubertät. Ich lernte auch einen Betroffenen kennen, der das Alles schon hinter sich hatte und ein erwachsener Mann war. Wenn das auch zeitlich noch lange nicht aktuell war, war es für mich wichtig, eine Perspektive zu haben, mich gedanklich auf die Zukunft vorzubereiten. Auch die Ärzte hatten Verständnis dafür.

Wir waren wieder glücklich. Und der Hauch der Vorahnung war verschwunden, wir hatten ja unser Scherflein zu tragen. (Ich wusste damals noch nicht, dass diese Sicherheit trügerisch war – immer trügerisch ist.)

»*Wenn man das Dasein als eine Aufgabe betrachtet, dann vermag man es immer zu ertragen.*«
Marie von Ebner-Eschenbach

Wir haben es in der Hand, welche Bedeutung wir dem geben, was uns widerfährt. Hierin liegt unsere Freiheit. Wir können nicht entscheiden, was uns widerfährt, aber mit welchen Augen wir es sehen – und wir können lernen, die Blickrichtung zu wählen. Wie wir das ansehen, was uns widerfährt, wie wir daher innerlich darauf reagieren, ist für unser Erleben entscheidend.

Natürlich ist das nicht einfach und manchmal brauchen wir Hilfe, denn gerade dann, wenn man Schweres zu tragen hat, ist man von den kreativen Teilen seines Wesens abgeschnitten. Hier hilft es sehr, gute Freunde zu haben. Durch sie schaffen wir es, Zugang zu unserem Selbst und zu unserer kreativen Teil zu gewinnen. Dann sind wir den Anforderungen des Lebens eher gewachsen und haben die Möglichkeit, auf die richtigen Ideen zu kommen.

»*Zur Freundschaft führt weniger der Wunsch nach dem, was wir von unseren Freunden verlangen, als vielmehr das Bedürfnis nach Zuversicht, dass wir es von ihnen verlangen dürfen.*«
Epikur

> »Die Götter wenden den guten Menschen gegenüber
> das selbe Prinzip an, wie die Lehrer
> gegenüber ihren Schülern.
> Sie verlangen höhere Leistung von denen,
> auf die sie größere Hoffnung setzen.«
>
> Lucius Annaeus Seneca

Der Traum

Wer entscheidet über unser Schicksal?

Er gehörte zu den Träumen, die es einem schwer machen, richtig zu sich zu kommen, wenn man endlich davon erwacht war. Ich brauchte nach dem Aufwachen eine gewisse Zeit, um mich wieder in der Realität meines Daseins zurechtzufinden.

Im Traum war ich operiert wurden, so, wie es tatsächlich vor einigen Monaten der Fall gewesen war. Nichts Schlimmes, nur ein Leistenbruch, aber es fand unter Vollnarkose statt – und ich befand mich an einem Platz, den ich sofort als »Himmel« erkannte. Ich wollte mich beschweren und einwenden, dass ich nicht tot, sondern nur in Narkose sei, aber ich fand Niemanden, bei dem ich mich beschweren konnte. Da entdeckte ich bei meiner Suche nach einem Ansprechpartner eine Tür, die nur angelehnt war. Neugierig näherte ich mich und ich konnte sehen, dass sich dahinter ein herrlicher, lichtdurchfluteter Konferenzraum befand. Um einen großen ovalen Tisch standen große Stühle mit hohen Lehnen und am Kopfende war ein Stuhl, der fast einem Thron glich. Er war zwar nicht aus Gold, aber größer als die anderen Stühle und mit kostbar verziertem Holz versehen.

Die Personen in dem Raum sprachen sehr erregt und laut miteinander und waren so in ihre Diskussion vertieft, dass ich es nicht wagte, sie zu unterbrechen. Sie sahen nicht wie Engel aus, wie man das im Himmel erwarten würde, sondern erinnerten mich eher an die Zeit, in der ich für eine Versicherung gearbeitet hatte. Sie wirkten wie die Manager einer großen konservativen Firma, trugen dunkle elegante Anzüge und passende Krawatten. Der Wortführer der Diskussion machte auf mich einen besonders imponierenden Eindruck. Vielleicht lag das an der Tatsache, dass er etwas höher als die anderen saß oder dass er einen fantastischen Kopf mit langem weißem Haar hatte. Er strahlte Weisheit und Autorität aus.

Nachdem ich die Runde länger betrachtete hatte, erfasste ich unwillkürlich, worüber sie diskutieren. Es ging offensichtlich um einen Menschen auf der Erde, dessen Schicksal man auf die Tagesordnung gesetzt hatte. Es gab zwei Parteien: Die Einen wollten, dass er noch weitere Aufgaben gestellt bekäme, damit er an diesen Aufgaben wachsen und so zu seiner vollen seelischen Blüte kommen könne, während die Anderen der Meinung waren, dass die betreffende Person schon genug durchgemacht habe und dass man damit rechnen müsse, dass sie weitere Schicksalsschläge nicht überwinden könne.

Ein Mitglied der ersten Partei schlug vor, dass man ihm Engel an die Seite stellen könnte, die ihm helfen würden, die Probleme eher zu bewältigen. Aber die Gegenseite wandte ein, dass die entsprechende Person das Bild eines Intellektuellen von sich habe, der nicht an Gott und noch viel weniger an Engel glaube, und dass dieser Mensch daher die Engel als solche nicht erkennen und ihre Hilfe nicht annehmen würde.

Ein Mitglieder der Runde zählte als Beispiele einige Probleme auf, die diese Person in ihrem Leben schon gehabt hatte, und auf einmal fiel es mir wie Schuppen von den Augen: Es waren alles Situationen, die ich selbst durchlebt hatte. Sie reden über mich!

Jetzt wollte ich die Runde aber doch stören. Ich wollte meine Stimme erheben und deutlich machen, dass ich in meinem Leben genug durchgemacht habe, aber ich kam nicht vom Fleck. Ich fühlte mich wie gelähmt und wenn ich meinen Mund öffnete, kam kein Ton heraus.

Schweißgebadet wachte ich auf und der Traum war noch ganz präsent. Zuerst glaubte ich noch, aus der Narkose erwacht zu sein, aber dann wurde mir klar, dass ich zu Hause in meinem Bett lag. Wollte mir der Traum etwas sagen? Ich hätte so gerne gewusst, wie die Diskussion ausgegangen war und was sie letztlich entschieden hatten. Welche Aufgaben würde mir das Schicksal noch stellen?

»Man wird allmählich erkennen lernen, dass das, was wir Schicksal nennen, aus den Menschen heraustritt, nicht von außen her in sie hinein.«
Rainer Maria Rilke

Träume sind häufig dazu da, uns etwas zu sagen, was unser Unbewusstes schon längst weiß, was wir aber nicht wahrhaben wollen. Es kommt in meinem Fall nicht darauf an, ob man daran glaubt, dass das Schicksal von Jemandem bestimmt wird, allein die Erkenntnis, dass es sein kann, dass das, was uns widerfährt, dazu da ist, dass wir daran wachsen, wird uns helfen.

> *»Die Stärke wird geboren
> in der tiefen Stille von Herzen, die lange leiden ...«*
> Felicia Hermans

Dem Leben neue Richtung geben

Kann man – darf man sich von einer Liebe befreien?

Ich muss vorausschicken, dass ich das erste Mal sehr früh, ich war zweiundzwanzig, geheiratet habe. Mit 24 war ich schon das erste Mal Vater. Auf meinen Sohn folgte zwei Jahre später eine Tochter. Aber dann verlor ich meine Familie bei einem Flugzeugunglück. Ich war 30 Jahre alt. Obwohl ich mich bald wieder Frauen zuwandte – ich habe mein psychologisches Wissen genutzt und eine Art »Therapieplan« für mich entwickelt, zu dem das gehörte –, konnte ich keine Gefühle für sie entwickeln. Ich war mir selbst fremd und litt sehr darunter. Meine Seele war zu sehr verletzt, um sich anderen Frauen öffnen zu können, und ich liebte wohl noch immer zu sehr meine Frau, die ich verloren hatte.

Längere Zeit nach dem Unfall lernte ich auf einer Party eine Frau kennen, die – so kam es mir vor – den Schalter fand, mit dem man meine Gefühle wieder anstellen konnte. Es war ein unbeschreibliches Gefühl. Auf einmal war ich wieder ein Mensch mit Emotionen, auf einmal war ich wieder der Mensch, den ich in Erinnerung hatte. Ich musste diese Frau wiedersehen, obwohl sie verheiratet war. So geschah es, dass ich eine Beziehung mit einer verheirateten Frau begann, etwas, was ich für noch wenige Jahre vorher für ausgeschlossen gehalten hätte.

Ganz langsam lernten wir uns immer besser kennen. Wir passten ideal zusammen und stellten uns voll aufeinander ein. Wir erlebten eine echte, vollkommene Liebe, aber eine Heirat war ausgeschlossen, da für meine Partnerin eine Trennung von ihrem Mann nicht in Frage kam, zumal sie noch kleine Kinder hatte.

Ich wollte unbedingt wieder eine Familie haben, in einer Familie sah ich meinen wichtigsten Lebensinhalt, und nachdem sich meine Geliebte nicht von ihrem Mann scheiden lassen konnte und wollte, versuchte ich immer wieder, mich von ihr zu trennen. Sie hatte für meine Motive Verständnis, aber unsere Liebe war zu stark, wir passten zu gut zusammen – ich kam immer wieder zu ihr zurück.

So vergingen die Jahre und ich sah meinen Lebensplan, eine neue Familie zu gründen, immer weiter entschwinden. Eines Tages besuchte ich einen Ehetherapeuten, den ich noch aus meinem Studium kannte, wegen einer anderen Frage. Mein Vertrauen in ihn, das merkte ich während der Besprechungen, ging so weit, dass ich ihn auch hinsichtlich meines großen Konflikts fragen konnte. Ich erzählte ihm also von meinem Dilemma und er sagte, er könne dazu nur dann etwas sagen, wenn er auch meine Partnerin kennenlernen könne.

Ich frage sie also, ob sie bereit wäre, den Therapeuten zu besuchen, und sie war es und ging ohne mich zu ihm. Ein paar Tage später analysierte er unsere Situation – und das veränderte mein Leben:

»Ich habe deine Geliebte gesprochen. Sie ist eine bezaubernde Frau. Wie du weißt, habe ich in meinem Beruf viele Paare kennengelernt, aber niemals eine solche Übereinstimmung hinsichtlich der Ansichten und Werthaltungen gefunden wie bei euch. Du bist zu beneiden, dass du eine Partnerin gefunden hast, die so gut zu dir passt.«

Er beglückwünschte mich dazu, dass ich überhaupt einen solchen Menschen gefunden habe. Ich sollte froh sein, dass mich das Schicksal mit Jemandem zusammengebracht hätte, mit dem ich mich so ideal ergänze, und wenn diese Frau auch nicht vollständig zu mir gehörte, so war das doch immer noch mehr, als viele Menschen in ihrem Leben geschenkt bekämen. Beim Verabschieden sagte er mir, wohl um mich zu trösten, ich sei doch eigentlich glücklich zu schätzen und sollte mich mit der Situation, »fünftes Rad am Wagen zu sein«, abfinden.

»Abfinden« – so wurde mir schlagartig klar – würde bedeuten, auf mein Lebensziel zu verzichten: eine eigene Familie. Und auf dem kurzen Weg zwischen seiner Haustüre und meinem Auto fasste ich einen schwerwiegenden Entschluss: Nein, dieser Preis ist zu hoch. Ich habe nur dieses eine Leben. Es ist mein Leben, um das es hier geht. Ich möchte wenigstens die Chance haben, eine Familie gründen zu können. Ich muss meine Verbindung zu meiner Geliebten lösen und das heißt, ich muss die Beziehung kaputt machen, nur so hatte ich eine Chance, eine Frau zu finden, mit der ich eine Familie gründen konnte.

Und ich wusste auch sofort, was ich zu tun hatte: Ich musste in mir all die Situationen, die mir in unserer Beziehung wehgetan hatten, in den Vordergrund rücken und all die Situationen, die so wunderschön waren, in den Hintergrund stellen. Das hieß aber auch, dass ich mich nicht mehr um sie bemühen durfte. Ich durfte ihr keine Blumen mehr bringen und auch die vielen anderen kleinen Aufmerksamkeiten musste ich weglassen, denn damit festigt man vor allem die Gefühle in sich selbst. Und ich durfte meiner Geliebten nichts von meinen Plänen sagen, denn dann hätte sie sich bestimmt besonders um mich bemüht, hätte sich auf mich voll eingestellt und dann hätte ich keine Chance gehabt – das wusste ich aus Erfahrung.

Dieser Plan entstand in den paar Sekunden auf dem Weg zu meinem Auto und als ich am Steuer saß, war alles entschieden.

Ich tat, was ich mir vorgenommen hatte, und es zeigte genau die Wirkung, die ich erwartet hatte. Wir stritten uns, denn meine Geliebte erlebte mich anders als bisher. Ich ließ sie über die Gründe für mein Verhalten im Unklaren. Sie war böse auf mich, aber sie grämte sich auch

und ich erlebte, wie Falten in ihrem Gesicht entstanden, für die ich mich (sicher zu recht) verantwortlich fühlte. Auch ich litt unter der Situation mehr, als ich glaubte ertragen zu können. Ich liebte sie ja noch und konnte mir nicht verzeihen, dass ich sie so leiden ließ. Immer wieder kamen mir natürlich Zweifel und ich fragte mich, ob ich ihr nicht alles sagen, ob ich mich nicht entschuldigen und alles wieder in die alten Bahnen lenken sollte. Eine Stimme in mir verurteilte mich, bezeichnete mich als unmenschlich, hart, als grausames Untier ohne Mitgefühl, aber eine andere Stimme wiederholte immer wieder: »Willst du die Chance haben, noch einmal eine Familie zu haben? Dann musst du so handeln, wie du es jetzt tust! Es ist wahrscheinlich deine letzte Chance!«

Schließlich beschlossen wir, uns nicht mehr zu sehen.

Was danach kam, war fast zu planmäßig. Niemand kann sagen, ob es Zufall war oder das Ergebnis meiner Entscheidung: Wenige Monate nach dieser Trennung lernte ich meine jetzige Frau kennen, mit der ich heute vier Kinder habe.

Als das zweite Kind unterwegs war, dachte ich an den Therapeuten zurück und malte mir aus, was geschehen wäre, wenn er mir das geraten hätte, was ich tatsächlich getan habe. Wenn er mir gesagt hätte, ich müsste mich von meiner Geliebten trennen, hätte ich ihm sicher den Wert und die Bedeutung unserer Verbindung in so glühenden Farben geschildert, wie er das getan hatte: Ich hätte ihm davon berichtet, wie gut wir uns verstanden, dass ich nie wieder einen Menschen finden würde, der so gut zu mir passe und so weiter. Ich wäre mit der Überzeugung aus seiner Praxis gegangen, dass ich mich damit abfinden müsse, keine Familie zu haben. Nur dadurch, dass er mir die Chance gab, die Entscheidung für mich selbst, eigenständig, sogar gegen seinen Rat zu treffen, hatte ich genug Kraft, sie auch in die Tat umzusetzen.

Ich rief den Therapeuten also etwa drei Jahren nach

der Beratung noch einmal an. Ich erzählte ihm, dass ich mich von meiner Geliebten getrennt hätte und inzwischen glücklicher Ehemann und Vater sei. Und dann fragte ich ihn, ob er mir absichtlich geraten hätte, mich mit meinem Schicksal abzufinden, Opfer meines Schicksals zu sein, damit ich die Chance hätte, meine Entscheidung (als Gestalter) selbst zu treffen. Er antwortete: »Ja, du hast recht, wenn ich ein sehr guter Therapeut wäre, dann hätte ich aus Professionalität heraus so gehandelt, aber ehrlich gesagt: Ich war überzeugt von dem, was ich dir geraten habe. Ich konnte mir nicht vorstellen, dass du die Kraft aufbringen würdest, diese Verbindung zu lösen.«

Übrigens sind meine Frau und ich inzwischen wieder mit dieser Frau befreundet. Wir haben uns schon vor langer Zeit ausgesprochen. Meine ehemalige Geliebte hat mir verziehen – und sie hat zugestimmt, dass ich diese Geschichte hier in der Form veröffentliche.

»Es ist Frevel und Wahnsinn, zu kränken, was man liebt, wie es Frevel und Wahnsinn ist, um jeden Preis besitzen zu wollen, was man liebt.«
   Marie von Ebner-Eschenbach

In der Psychotherapie gibt des den Begriff der »paradoxen Intervention«. Immer dann, wenn jemand sehr viel Kraft braucht, einen Entschluss durchzusetzen, dann ist es wirksamer, ihn dazu zu veranlassen, den entsprechenden Entschluss selbst gegen den Rat des Therapeuten zu fassen. Nur dann hat er die Kraft, Schwierigkeiten, die bei der Umsetzung des Entschlusses auftauchen, zu überwinden. Wenn der Klient nur den Rat des Therapeuten befolgt, wird er in dem Moment, in dem Schwierigkeiten auftauchen, die Überzeugung gewinnen, dass der Rat falsch oder zumindest undurchführbar war, dass der Therapeut einen Fehler gemacht hat. Nur wenn man den Entschluss selbst getroffen und sich alle die Gründe klar gemacht hat, die für diesen Entschluss sprechen, hat man die Kraft, ihn durchzuhalten.

Meine Geschichte zeigt aber auch, dass und wie man als Gestalter sein Schicksal beeinflussen kann: Wir müssen unsere Werthaltung, unsere Einstellungen beeinflussen, wenn wir unserem Leben eine neue Richtung geben wollen. Das Prinzip, nach dem das geschieht, ist ganz einfach, wenn auch die Durchführung meist alles andere als einfach ist: Sie müssen Ihrer Wahrnehmung eine neue Richtung geben. Wir haben es in der Hand, was wir in unserem Bewusstsein in den Vordergrund rücken, und das wird uns beeinflussen.

»Ein freier, denkender Mensch bleibt da nicht stehen, wo der Zufall ihn hinstößt; oder wenn er bleibt, so bleibt er aus bestimmten Gründen, aus der Wahl des Besseren. Er fühlt, dass man sich über das Schicksal erheben könne, ja dass es im richtigen Sinne selbst möglich sei, das Schicksal zu leiten.«

Heinrich von Kleist

»*Mitleid ist wie Gift. Kleinste Dosen können heilend wirken, größere Mengen werden uns zerstören.*«

N. N.

Falsches Mitleid
Manchmal ist der Kampf notwendig

Eines Tages fand ein Mann einen Schmetterlingskokon. Er nahm ihn mit nach Hause, da er beobachten wollte, wie der Schmetterling aus dem Kokon schlüpfte. Er wartete ungeduldig und untersuchte jeden Morgen und jeden Abend sein Fundstück. Eines Tages entdeckte er endlich eine kleine Öffnung. Er beobachtete den Kokon weiter und sah schließlich, wie der Schmetterling kämpfte, um sich von dem Kokon zu befreien, doch es sah aus, als ob er es nicht schaffen würde, ihn zu verlassen.

Er kam über einen bestimmten Punkt nicht hinaus.

Der Mann hatte Mitleid mit dem Schmetterling und glaubte, ihn retten zu müssen. Er nahm also nach einiger Zeit eine Schere und vergrößerte die Öffnung, damit der Schmetterling herausschlüpfen konnte.

Er hatte Erfolg. Der Schmetterling gelangte ohne Schwierigkeiten aus seinem Kokon. Er war groß und hatte einen aufgedunsenen Körper mit kleinen schrumpeligen Flügeln. Aber der Mann machte sich keine Sorgen. Er dachte sich, dass wohl noch ein wenig Zeit nötig sei, bis sich die Flügel des Schmetterlings entfalteten und er seine volle Schönheit erreichte. Doch auch nach Stunden geschah nichts. Der Schmetterling blieb sein Leben lang ein unförmiges Wesen, das unfähig war zu fliegen. Der Kampf, der erforderlich ist, aus dem engen Kokon zu kommen, ist ein Weg der Natur, die Flüssigkeit vom Körper in die Flügel zu zwingen.

Der aus Mitleid begangene Schnitt mit der Schere war im Endeffekt grausam. Manchmal ist der Kampf das, was wir brauchen, um zu dem zu werden, was wir sein sollen.

Wer aus Mitleid dem Anderen die Chance nimmt, aus dem Schmerz und damit aus der eigenen selbst gewonnenen Erkenntnis zu wachsen, handelt letztlich grausam. Manchmal brauchen wir den Widerstand, die Probleme, die uns das Schicksal in den Weg stellt, um daran zu wachsen.

»Schließlich werde ich dir empfehlen, niemals mit einem charaktervollen Mann Mitleid zu haben: Er kann nämlich unglücklich genannt werden, aber nicht sein.«
                                                    Lucius Annaeus Seneca

> *»Die Frage ist falsch gestellt,*
> *wenn wir nach dem Sinn des Lebens fragen.*
> *Das Leben ist es, das die Fragen stellt.«*
>
> Victor Frankl

Das »tragische Geschenk« des Jim MacLaren

Wie viel kann ein Mensch ertragen, bevor er aufgibt?

Jim MacLaren gehört zu den Menschen, die einem außergewöhnlichen, schrecklichen Schicksal die Stirn geboten haben und die zeigen, was ein Mensch leisten kann, wenn er genügend mentale Kraft und die richtige Einstellung hat.

Mit 22 Jahren lebte Jim MacLaren in New York und seine Zukunft sah blendend aus. Er hatte gerade in Yale die Abschlussprüfung in Theaterwissenschaften gemacht und war nach New York gezogen, um dort eine Karriere als Schauspieler zu beginnen. Körperlich war er sehr fit. Er war mit seinen 1,90 Meter ein angesehener Footballspieler in der Uni-Mannschaft und auch sonst sehr sportlich. Seine athletischen Fähigkeiten waren für ihn – wie er selbst schreibt – Quelle von großer Freude und von Stolz.

Eines Tages rammte ihn ein Bus, als er mit seinem Motorrad auf der Fifth Avenue unterwegs war. Sein Lebensweg änderte sich in diesem einen Moment völlig. Als er drei Wochen später aus dem Koma aufwachte, war das rechte Bein unterhalb des Knies amputiert. Seine sportlichen Ambitionen schienen damit besiegelt. Er ging in die Rehabilitation und lernte, wieder zu gehen, aber nicht nur zu gehen, sondern zu rennen. Er lief den Marathon in New York und in Boston und brach dabei den Rekord für Behinderte bei beiden Rennen. Dann wandte er sich dem Triathlon zu (2,4 Meilen schwimmen, 112 Meilen Radfahren und ein ganzer Marathonlauf in einem Tag) und erreichte auch hier einen Rekord. Er schreibt, dass er es liebte, Zweibeinige zu überholen und der Welt zu zeigen, was man als behinderter Athlet erreichen könne. Er wurde zum schnellsten Einbeinigen der Welt. Wenn er nicht rannte oder trainierte, hielt er im ganzen Land Reden über Ausdauer, Bestimmung und das Überwinden von Hindernissen.

Dann ereignete sich das Undenkbare. Beim Fahrradrennen eines Triathlonwettbewerbs in San Diego fuhr ein Van auf die für Autos gesperrte Straße und stieß mit Jim zusammen. Er kam im Krankenwagen wieder zu sich und erkannte, dass er seine Arme und Beine nicht mehr fühlen konnte. Zwar zeigte sich später, dass er noch minimale Nervenaktivitäten besaß, dass er aber nie wieder würde gehen können. Er war ein Querschnittsgelähmter.

Das war vor mehr als dreizehn Jahren. Sobald er konnte, ging er wieder in die Rehabilitation und lernte innerhalb von sechs Monaten, für sich selbst zu sorgen. Er besitzt das, was er ein »tragisches Geschenk« nennt: begrenzte Beweglichkeit, aber volle Sensibilität. Das heißt, dass er mit dauernden Schmerzen zu kämpfen hat, da die Nerven stark beschädigt sind.

Er schreibt, dass er es an einem guten Tag in einem dreistündigen qualvollen Kampf schafft, aus dem Bett zu kommen, zu baden, sich anzuziehen und sich etwas zu essen zu machen. Er arbeitet so viel er kann, er telefoniert, schreibt, beantwortet E-Mails und fährt einen speziell für ihn ausgestatteten Van, den er nur mit seinen Händen bedienen kann. Er versichert, dass er sich darüber freut, dass er diese täglichen Routinen schafft, die an einem guten Tag seinen Geist und seinen Körper herausfordern. Aber an einem schlechten Tag – er meint, dass wir das sicher nicht wissen wollen.

Heute ist Jim ein Motivationsredner, der sein Publikum inspiriert und zu neuen Leistungen anregt. Darüber hinaus promovierte er in Mythologie und Psychologie am Pacifica Graduate Institute. Sein Schicksal stieß auf großes Medieninteresse, er wurde mehrfach ausgezeichnet und sogar in die Oprah Winfrey Show eingeladen.

Er hätte Grund genug, bitter zu werden und in Selbstmitleid zu verfallen. Aber er hat sich entschieden, seine Energie auf das zu lenken, was ihm in der neuen Situation bleibt.

Dabei hat ihm ein Buch geholfen: »The Passion of the Western Mind: Understanding the Ideas That Have Shaped Our World View« von Richard Tarnas. Dieses Buch hat ihn auf den Weg der Philosophie und der Selbsterkenntnis geführt. Es hat in ihm die Sehnsucht geweckt, die eigenen Glaubenssätze zu verstehen und zu erkennen, wie diese mit dem Menschsein verbunden sind.

Er geht diesen neuen Weg der Sinnfindung mit so viel Energie, wie ihm geblieben ist. Manchmal fragen ihn Menschen: »Warum glaubst du, dass du zwei solche schlimmen Unfälle haben musstest?« Dann antwortet er. »Vielleicht damit ich mich schließlich hinsetze!« Er sagt, dass das nur teilweise ein Scherz sei. Das Lesen habe ihm neue Dimensionen seines Ichs eröffnet. Der Satz von Sokrates: »Ein Leben ohne Prüfungen ist nicht wert, gelebt zu werden« hat für ihn eine tiefe Bedeutung gewonnen. »In dem Moment, in dem mich mein Schicksal auf den Rollstuhl gezwungen hat, habe ich das als Geschenk gesehen und ich habe die Gelegenheit genutzt, in mich zu gehen, die Tiefen meiner Seele und meines Geistes zu erforschen.« Das Buch eröffnete ihm die Geschichte der Religion, der Philosophie und der Psychologie und er erkannte, dass das Entscheidende dieser Disziplinen darin liege, dass sie um die Suche des Menschen nach Sinn zentriert sind. »So bekam auch meine Leben Sinn! Die Leistungen meines früheren Lebens«, so schreibt er, »erscheinen mir heute als Ablenkung von den eigentlich wichtigen Fragen.«

Er interpretiert heute die Geschichte aus der Bibel, in der

Jakob von Gott viele Prüfungen auferlegt bekommt, nicht als ein Gleichnis dafür, dass Gott die Stärke von Jakobs Glauben testen wollte, sondern er sieht darin einen Weg, näher zu Gott zu kommen oder ein tieferes Verständnis seiner Selbst zu gewinnen. Vielleicht sind diese beiden Interpretationen gar nicht so weit voneinander entfernt.

Ans Ende des einen Aufsatzes stellt er zwei Erkenntnisse, die er für sich gewonnen hat:

1. Wir können niemals wissen, wie unser Leben verlaufen wird und
2. solange wir das, was geschieht, akzeptieren und auf unserem Weg weitergehen, sind wir immer okay – vielleicht nicht in dem Sinn eines Lexikons, aber in einem höheren Sinn.

Für ihn gibt es keinen Zweifel, dass wir, solange wir kämpfen, einen besseren und ganzheitlicheren Zustand erreichen.

»Unser einziger Zweck im Leben ist Wachstum. Es gibt keine Zufälle.«

Elisabeth Kübler-Ross

Es ist faszinierend, was manche Menschen ertragen können, ohne zu verzweifeln. Können wir, die wir ein ganz normales Schicksal durchlaufen, davon lernen? Die Wahrscheinlichkeit, dass wir erst ein Bein verlieren und dann durch einen Unfall querschnittsgelähmt werden, ist so gering, dass wir uns darauf wirklich nicht vorbereiten müssen. Was also sollen wir von einem solchen Schicksal lernen?

Ich weiß nicht, ob Sie aus dieser Geschichte etwas für sich herausnehmen können. Mir gibt diese Geschichte Zuversicht. Wenn Jim MacLaren mit einem solchen Schicksal fertig wird, dann werde ich mit viel kleineren Schwierig-

keiten auf jeden Fall fertig. Darüber hinaus zeigt uns diese Geschichte, dass es offensichtlich darauf ankommt, den Weg zu sich selbst zu finden, dass es sehr befriedigend sein kann, wenn man sich auf diesen Weg macht und dass dieser Weg ein Weg zu sich selbst, ein geistiger Weg ist.

»Wir verlangen, das Leben müsse einen Sinn haben, aber es hat nur genau so viel Sinn, als wir selber ihm zu geben imstande sind.«

Hermann Hesse

> *»Wir verbessern uns durch Siege über uns selbst. Es muss eine Herausforderung geben und wir müssen gewinnen.«*
> Edward Gibbon

»Mach jedes Hindernis zu einer Gelegenheit!«
Wie Lance Armstrong seine Krankheit besiegte

Lance Armstrong, heute neununddreißig Jahre alt, war (und ist?) einer der ganz starken Persönlichkeiten im Sport. Er hat sieben Mal in Folge die Tour de France gewonnen und hat damit etwas erreicht, was vorher niemand außer ihm geschafft hat. Wie viele Radsportler geriet auch er in Verdacht, seine Erfolge mit Doping erreicht zu haben, allerdings konnte man ihm nichts nachweisen.

Hier geht es mir nicht um die Frage, wie er seine Leistungen erreichte, sondern um die Frage, wie er mit seinem Schwierigkeiten fertig wurde und wie es ihm gelang, trotz seiner schweren Krankheit eine so glanzvolle Karriere als Sportler zu haben.

Aber beginnen wir bei den Anfängen: Schon früh zeigte sich Armstrongs unbändiger Ehrgeiz und schließlich fiel er bei Radmeisterschaften auf. Er war erst 25, als er innerhalb eines Jahres die US- und die Weltmeisterschaft gewann und damit zur absoluten Weltspitze der Radfahrer aufstieg. Er war ein aufgehender Stern am Radsporthimmel und genoss seine Erfolge. Natürlich hatte er beim Training und bei den Wettkämpfen immer wieder auch Schmerzen. Wie er in seinem Buch »It's Not About the Bike« schieb, gehörten Schmerzen ganz selbstverständlich zum Leben eines Radsportlers und daher beachtete er sie auch lange Zeit nicht, obwohl sie ein Alarmsignal seines Körpers waren. Erst als 1996 auch seine Leistungen in den Wettkämpfen unbefriedigend wurden, ließ er sich endlich untersuchen. Man entdeckte, dass er unter einem

Hodenkrebs litt, der bereits Metastasen in der Lunge gebildet hatte. Kurze Zeit später erkannte man dann, dass sich auch schon im Gehirn Metastasen gebildet hatten: Man fand zwei Hirntumore.

Seine Überlebenschancen lagen, wie ihm der Arzt später gestand, bei weniger als zwanzig Prozent. An eine Fortsetzung seiner Karriere als Radprofi war gar nicht zu denken. Der vom Krebs befallene Hoden und die zwei Hirntumore wurden operativ entfernt, zur Behandlung der Metastasen in der Lunge folgte eine intensiven Chemotherapie. Ein Jahr lang war Armstrong sehr schwer krank. Die Chemotherapie führte dazu, dass er seine Muskeln verlor. Er war zeitweise so schwach, dass er auf allen Vieren ins Bad kriechen musste, um sich zu übergeben – eine der vielen Nebenwirkungen der Chemotherapie.

Jeder hätte verstanden, wenn er sich in Hilflosigkeit, Verzweiflung und Depression hätte fallen lassen und sich aufgegeben hätte. Stattdessen verglich er seine Krankheit mit einem sehr schweren Radrennen. In seinem Buch beschreibt er, dass er auch nach der Diagnose seine kämpferische Einstellung nicht verloren und sich nur das Ziel geändert habe. So konnte er die unsäglichen Schmerzen und das große Leid ertragen, das die Krankheit für ihn mit sich brachte.

Lance Armstrong besiegte seine Krankheit vollständig. Niemand, auch die Ärzte können nicht mit Sicherheit sagen, woran es lag, dass er wieder gesund wurde. Allerdings hatte dieser Kampf ihn auch psychisch so stark geschwächt, dass er die Vorstellung, der Krebs könne wieder kommen, die nach seiner Gesundung wie ein Damoklesschwert über ihm hing, nicht ertragen konnte.

Er verfiel in eine Depression. Er weigerte sich, wieder auf ein Rad zu steigen und ließ sich völlig gehen. Er verbrachte mehrere Wochen mit Fernsehen und Essen, er war lediglich bereit, etwas Golf zu spielen.

Enge Freunde und seine Frau brachten ihn dazu, wieder mit dem Radfahren anzufangen. Langsam kam nach der psychischen auch die physische Kraft zurück und er begann, wieder an sich zu arbeiten. Er trainierte bald wieder so hart wie vor seiner Krankheit und schaffte schließlich das Traumziel eines jeden Profi-Radfahrers: Er gewann die Tour de France – sieben Mal in Folge! Eine Leistung, die wie ein Wunder klingt und die ihm nach der Diagnose seiner Krankheit niemand zugetraut hätte.

In seinem Buch beschreibt er sehr eindrucksvoll, wie er den Kampf gegen seine Krankheit aufnahm, wie er erkannte, dass man als Patient seine Krankheit nicht bei den behandelnden Ärzten »abliefern« dürfe, in der Erwartung, dass sie die eigene Krankheit für einen heilen würden. Man müsse intensiv mithelfen (»Ich begann, die Verantwortung mit den Ärzten zu teilen«), sich als Teil des Teams verstehen, das gemeinsam gegen die Krankheit vorgeht, man müsse akzeptieren, dass man als Patient in diesem Team die wichtigste Rolle spielt.

Mit dieser Einstellung besiegte er nicht nur die Krankheit, er fand während dieses Kampfes sich selbst und änderte seine Sicht auf die Welt. Er geht sogar so weit zu behaupten: »Die Wahrheit ist, dass der Krebs das Beste war, was mir jemals widerfahren ist.« Durch die Krankheit sei er zum Menschen geworden und er definiert »menschlich« folgendermaßen: »Das Charakteristische des Menschen im Gegensatz zu Gott, den Tieren oder Maschinen liegt darin, dass wir für Schwächen empfänglich sind und dadurch die menschlichen Qualitäten entwickeln und zeigen können.« Er erklärt uns das, indem er daran erinnert, dass Athleten zu sehr damit beschäftigt seien, eine Aura des Unbesiegbaren zu entwickeln, um nicht zugeben zu müssen, dass sie auch ängstlich, schwach, schutzlos, verletzlich oder fehlbar sind. Daher seien sie auch nicht besonders nett, rücksichtsvoll oder gütig. Sie würden keine Nachsicht kennen, weder sich selbst noch anderen gegenüber. Durch seine Krankheit sei ihm das alles klar geworden und er sei »menschlich« geworden. (Ein Kollege von ihm, der ihn vor und nach seiner Krankheit oft erlebt hat, hat mir gegenüber diese Einschätzung bestätigt.)

Immer wieder erwähnt Armstrong einen Satz, den ihm seine Mutter mit auf den Lebensweg gegeben hat und der seine Einstellung zum Leben wesentlich geprägt hat: »Mach jedes Hindernis zu einer Gelegenheit!«, also zu einer Gelegenheit, die einem die Chance gibt zu wachsen. Er hat die Kraft der richtigen Einstellung sehr früh kennengelernt. Diese Kraft hat ihm bei der Überwindung seiner Krankheit und letztlich auch bei seinem Comeback geholfen.

Wenn es einmal nicht so gut lief, wenn er seine selbst gesetzten Ziele nicht erreichen konnte, kamen ihm verständlicherweise folgende Gedanken in den Sinn: »Ist doch klar, ich habe zu viel durchgemacht, ich habe drei Operationen, drei Monate Chemotherapie und ein Jahr Hölle durchgestanden. Das ist der Grund, warum es nicht mehr so läuft. Mein Körper wird nie wieder derselbe sein!« Solche Gedanken, das hat er sofort erkannt, zogen ihn nicht nur emotional runter, sondern würden auch verhindern, dass er sich richtig anstrengte und jemals wieder die Weltklasse erreichte (Solche Gedanken würden zu einer sichselbsterfüllenden Prophezeiung!). Er verbannte sie aus seinem Hirn und ersetzte sie durch folgende Überlegungen und Vorstellungen: »Na ja, ich habe heute nicht meinen guten Tag, morgen wird es wieder besser gehen, ich muss nur mein Trainingspensum durchhalten.«

Wenn es einen Grund gibt, warum er sportlich wieder zu einer so extrem guten Form gefunden hat, dann liegt es an seiner Fähigkeit, seine Einstellungen zu beeinflussen und damit sich selbst zu motivieren. Es ist typisch, dass die Leute manchmal sagten: »Der sollte nicht *Armstrong*, sondern *Mindstrong* heißen, denn nicht seine Arme (oder Beine), sondern sein Geist ist besonders stark.«

Lance Armstrong hat uns gezeigt, wozu ein Geist fähig ist, was ein Mensch erreichen kann, der sein Leben lang nicht nur seinen Körper, sondern vor allem seinen Willen trainiert hat. Wenn ich in Seminaren oder beim Coaching von ihm erzähle, höre ich öfter den Einwand, dass er offensichtlich von Geburt an mit besonderen Fähigkeiten und Begabungen ausgestattet war und dass ich eher von »normalen« Menschen erzählen sollte. Es ist allerdings nicht erkennbar, dass Armstrong angeborene mentale Fähigkeiten besitzt, die außergewöhnlich sind. Im Gegenteil: Die Phase der Depression und Verzweiflung, die er nach der Überwindung seiner Krankheit durchlebt hat, zeigt, dass er durchaus auch für Schwäche empfänglich ist. Sein Buch liefert ein eindringliches Zeugnis dafür, welch großen Einfluss Einstellungen auf den eigenen Lebensweg haben und dass man in der Lage ist, seine Einstellungen selbst zu bestimmen, indem man sich entscheidet, worauf man seine Aufmerksamkeit richtet. (Armstrong tat dies zum Beispiel, wenn es darum ging, eine Begründung für Schwächen während des Trainings zu finden.)

Auch das Lebensmotto, das ihm seine Mutter mit auf den Weg gab (»Mach jedes Hindernis zu einer Gelegenheit«), repräsentiert eine solche Einstellung, nämlich die Einstellung gegenüber Schwierigkeiten. Auch hier kann man einwenden, dass die »Gelegenheit zu wachsen« eines von den gedanklichen Konstrukten ist, die keinerlei Realitätsgehalt haben. »Innerlich wachsen« ist ein Konstrukt – oder negativ ausgedrückt: ein Hirngespinst. Um dieses wissenschaftlich zu belegen, könnte man eine Untersuchung durchführen und viele Menschen befragen, ob sie das Erleben des inneren Wachstums durch die Überwindung von Schwierigkeiten bestätigen können. Aber was ist dadurch gewonnen? Das Konstrukt des »inneren Wachstums durch Schwierigkeiten« oder wie manche es auch nennen: »der Möglichkeit, sich selbst zu finden« lässt sich objektiv nicht beweisen. Es handelt sich um eine subjektive Überzeu-

gung, die nur für einen selbst wahr ist, und sie ist dann wahr, wenn sie erlebt wird, und wenn sie erlebt wird, zeigt sie auch für den, der sie erlebt, Wirkung.

»Die größte Aufgabe eines Menschen in seinem Leben ist die, sich selbst zur Geburt zu verhelfen.«
Erich Fromm

> *»In dem ganzen Bereich menschlicher Schuld
> gibt es nur eine unverzeihliche:
> nicht verzeihen zu können.«*
> Marie von Ebner-Eschenbach

Die innere Stärke des Nelson Mandela
Erfahrungen auf Robben Island

Eigentlich hat mich der Besuch von Robben Island vor Kapstadt nie besonders interessiert. Die Insel war in Zeiten der Apartheid in erster Linie ein Gefängnis für politische Gefangene. Nelson Mandela verbrachte mehr als 18 Jahre auf dieser Insel, die heute ein Touristenmagnet ist. Ich mag »Touristenattraktionen« nicht. Ich komme mir dort immer vor wie in einer Schafherde, die herumkommandiert wird. Aber nach meinen vielen Besuchen in Kapstadt ließ ich mich doch eines Tages überreden, auf diese Insel zu fahren.

Ich hätte nie gedacht, dass mich dieser Ausflug so beeindrucken würde. Man wird dort von ehemaligen Gefangenen herumgeführt, die ganz authentisch von ihren schlimmen Erlebnissen auf der Insel berichten. Unser Führer war ein sehr großer, starker, dunkelhäutiger Mann. Er machte ein finsteres Gesicht und ich hatte den Eindruck, dass man mit ihm besser nicht in Streit gerät. Uns gegenüber war er allerdings sehr freundlich und offen. Er sagte uns gleich zu Beginn, dass wir ihn alles fragen könnten, was uns interessiere, dass wir ihn auch fotografieren dürften, wenn wir das wollten, dass wir ihn aber nicht bitten sollten, zu lächeln. Nach den Erlebnissen auf dieser Insel habe er das Lächeln verlernt. Er würde nie wieder lächeln. Als er uns von seinen Erlebnissen in der Gefangenschaft erzählte, hatten wir wohl alle Verständnis für diese Haltung und fragten uns, wie wir auf solche Erfahrungen reagiert hätten.

Er zeigte uns auch die Zelle von Nelson Mandela. Sie ist noch nicht einmal zwei mal zwei Meter groß, ausgestattet nur mit einer dünnen Unterlage und einem Eimer. Mandela schreibt in seinen Memoiren, dass er, wenn er sich auf seiner Matte ausstreckte mit dem Kopf und den Füßen die gegenüberliegenden Wände berührte. Unser Führer erzählte uns, wie man mit allen Mitteln versuchte, Nelson Mandela seinen Stolz und seine Selbstachtung zu nehmen, was ihnen aber nicht gelang.

Nelson Mandela hat – im Gegensatz zu unserem Führer auf der Insel – nach seiner Freilassung gelächelt. Er ist sogar einen Schritt weitergegangen, er hat all seinen Hass und seine zunächst sicher vorhanden gewesenen Rachegefühle zurückgedrängt und in seinen Reden zur Versöhnung aufgerufen.

»Man kann keine Nation auf Rache aufbauen«, sagte er in einer seiner Reden. Er beschreibt, dass er in der langen Gefangenschaft die Chance gehabt hätte nachzudenken und dass ihm dabei sehr viel klar geworden sei.

Er hat seine innere Stärke nie verloren, seinen Widersachern ist es nicht gelungen, ihn zu brechen.

Nelson Mandela wird von denen, die ihm begegnet sind, als eher zurückhaltender, bescheidener Mann geschildert. Er sah und sieht selbst in seinen grausamsten Feinden auch die weiche, gute Seite.

»Wenn man in Harmonie mit sich selbst ist, dann kann man selbst einem Löwen ohne Furcht gegenübertreten, denn er respektiert jeden mit Selbstvertrauen.«

Jeder, der ihm einmal begegnet ist und mir davon erzählt hat, sagt auch, dass er eine ungeheuere Ausstrahlung, eine sehr starke Aura habe, die jeder spüre, der in sich in seiner Nähe aufhalte. Rechnet er damit, dass das auch ein Löwe spürt? Offenbar haben es viele seiner Wächter und Widersacher gespürt.

Weitere Zitate von ihm:

> »Alle Menschen, auch die kaltblütigsten, haben einigen Anstand, und wenn man ihre Herzen berührt, ändern sie sich.«

> »Es ist das, was wir aus dem machen, was uns gegeben ist, nicht das, was wir bekommen, das eine Person von der anderen unterscheidet.«

(Die Zitate von Nelson Mandela stammen aus seinem eigenen Buch »Long Walk to Freedom« und aus »In the Words of Nelson Mandela«, herausgegeben von Jennifer Crwys-William.)

Nelson Mandela gehört ganz sicher zu den großen Menschen unserer Zeit. Er war wesentlich an der Gründung des militanten Flügels der ANC beteiligt, der in den Zeiten der Apartheid für Unruhe und Druck auf die weiße Regierung

gesorgt hat. Und obwohl – oder vielleicht gerade weil – man seinen Charakter und seinen Willen nicht brechen konnte, war er nicht starr, hat er sich nicht von Hass und Rache leiten lassen, sondern er hat sich von einem militanten Gegner der Weißen zu einem verzeihenden starken Führer entwickelt und so Südafrika den Frieden gebracht. Er hat uns gezeigt, dass ein Gestalter sich selbst und damit schließlich seine Umwelt gestalten kann.

> *»Werde mit dem Bösen fertig,*
> *nicht indem du es bekämpfst, sondern indem du es verstehst.*
> *Du gibst den Dämonen, die du bekämpfst Kraft.«*
>
> Anthony de Mello

Der Sinn von Kummer und Schicksalsschlägen

Eine Antwort auf die Frage: ›Warum musste mir das passieren?‹

Ananda war Vetter und Schüler Buddhas. Er war lange Zeit an Buddhas Seite: Vierundzwanzig Jahre lang kümmerte er sich von früh bis spät um seinen Meister.

Als Buddha starb, saß Ananda an seiner Seite und weinte. Die anderen Schüler konnten seinen Kummer nicht verstehen und schalten ihn: Er habe Buddha nicht richtig verstanden, wenn er jetzt weine. Buddha sei erfüllt gestorben, das sei ein Anlass, sich zu freuen.

Aber Ananda sagte: »Ihr versteht mich nicht. Ich weine nicht um ihn, sondern um mich, weil ich all die Jahre ständig an seiner Seite war und dennoch nicht erleuchtet bin.«

Ananda blieb die ganze Nacht wach, meditierte und versank tief in seinen Schmerz, in seinen Kummer. Am nächsten Morgen, so wird erzählt, war er erleuchtet.

Tiefer Kummer kann in uns eine große Transformation bewirken, kann uns zu Einsichten führen, die wir anders nicht erreichen können. Man kann durch Schicksalsschläge seinen eigentlichen Sinn finden, dem man bis zu diesem einschneidenden Erlebnis nicht gesehen hat oder vor dem man sogar weggelaufen ist. Um eine solche Transformation oder Einsicht zu erreichen, müssen wir an die Wurzeln unseres Schmerzes gehen und sie so spüren, wie sie sind, ohne

Selbstmitleid und ohne andere zu beschuldigen. Beispiele für Menschen, die das erfahren haben, kommen nicht nur aus dem Buddhismus, man findet sie überall und in diesem Buch berichten wir von einigen von ihnen.

»Warum steigen Sie nicht aus?«
Manchmal ist es Zeit für Richtungswechsel

Ein Mann sitzt in einem Bummelzug. Bei jeder Station steckt er den Kopf zum Fenster hinaus. Er liest den Ortsnamen und stöhnt entsetzlich.

Nach vier oder fünf Stationen fragt ihn sein Gegenüber besorgt: »Tut Ihnen etwas weh?«

Da antwortet der Mann: »Ich fahre in die falsche Richtung.«

Das Gegenüber: »Warum steigen Sie nicht aus?«

Der Mann: »Hier ist es so schön warm.«

Wie oft ändern wir nur deshalb nicht die Richtung in unserem Leben, weil es so bequem, weil es so schön warm ist, weil wir uns an den Status quo gewöhnt haben?

Bei vielen Entscheidung wird ein großer Teil der Arbeit im Gehirn von Regelkreisen verrichtet, die uns nicht immer bewusst sind. Solche automatisch ablaufenden Prozesse erleichtert den Alltag sehr, aber sie sind auch störanfällig. Manchmal »hängt« der Prozess und wir sind unfähig Entschlüsse umzusetzen. Das Bewusstsein spürt zwar, dass etwas schlief läuft, aber es vermag nicht gegenzusteuern, wir sind dann in einem Zustand, in dem wir nicht mehr in der Lage sind, zu entscheiden. Dabei kann es helfen, wenn wir versuchen, uns mehr von dem Entscheidungsprozess, allerdings auch unsere unbewussten und nur gefühlten Bedenken bewusst zu machen.

Ein positives Bild
von sich selbst und vom
Leben haben

Der angekettete Elefant
Wie wir Einstellungen aus der Kindheit übernehmen

Kommt Ihnen der Satz: »Das kann ich nicht!« auch manchmal in den Sinn? Fühlen Sie sich manchmal auch einfach überfordert, eingesperrt, angekettet an die Unstände, die Sie nicht verändern können?

So fühlt sich wahrscheinlich auch ein Elefant, der im Tierpark oder im Zirkus gefangen ist und doch so gerne frei wäre. Wenn man einmal Elefanten in der freien Wildbahn erlebt hat, wie sie majestätisch durch die Savanne schreiten, unbeeindruckt von Allem, was um sie herum geschieht, die wahren Herren der Natur, wie mir ein Ranger eines Naturparks in Afrika versicherte, der kann sich nicht vorstellen, dass diese Tiere eine solch unwürdige Gefangenschaft überhaupt überleben.

Diese starken Tiere, die ganze Bäume ausreißen können, sind in der Gefangenschaft meist nur mit einem Fuß an einem Pflock angekettet, der nur wenige Zentimeter in der Erde steckt, mit einer Kette, die so schwach aussieht, dass man sich nicht vorstellen kann, dass sie der Elefant nicht mit einem Ruck zerreißen kann.

Warum also besinnen sie sich nicht ihrer Stärke und nehmen Reißaus? Warum reicht eine so einfache, schwache Vorrichtung, um den Elefant an einem Platz zu halten? Was hält ihn zurück?

Diese Frage hat mich lange beschäftigt, bis ich eines Tages mit Jemandem darüber sprach, der mir eine einleuchtende Antwort gab:

Der Elefant reißt sich deshalb nicht los, weil er seit seiner Kindheit mit einer solchen Kette angebunden ist. Als Kind war der Elefant zu schwach, sich zu befreien. Er hat es immer wieder versucht, aber alle Versuche waren erfolglos und es hat ihm auf die Dauer nur wehgetan. Eines Tages gab er auf und probierte es nie wieder, auch nicht, als er ausgewachsen und viel stärker war.

Können oder sollten wir vielleicht sogar diese Geschichte als Mahnung für unser eigenes Schicksal auffassen?

Könnte es sein, dass es uns auch manchmal so geht, dass wir als Kind Träume hatten, die wir nicht verwirklichen konnten, weil wir zu klein waren, und die wir eines Tages mit dem Etikett »Das kann ich nicht!« versehen haben. Könnte es sein, dass diese Träume und Wünsche immer noch dieses Etikett tragen, obwohl wir doch inzwischen erwachsen sind und viel mehr können?

Könnte es sein, dass wir aus der Kindheit Einstellungen übernommen haben, wie zum Beispiel die: »Ich bin klein und hilflos, wenn die anderen nicht lieb zu mir sind, bin ich verloren. Ich muss immer brav sein, ich muss ihren Wünschen auf jeden Fall genügen!« Passen diese Einstellungen denn auch noch zu unserer heutigen Situation?

Könnte es sein, dass einige Einstellungen, die wir noch aus früher Kindheit mit uns herumtragen, die eigentlichen Fesseln sind, die uns behindern und dafür sorgen, dass wir nicht das ausleben können, was in uns steckt? Welches Bild haben Sie von sich? Behindert Sie dieses Bild hin und wieder? Wie viel von diesem Bild ist veränderbar?

Unser Bild vom Leben
›Schlechte Karten‹ für falsche Verhaltensweisen

Die meisten Menschen haben ein bestimmtes Bild von ihrem Leben. Hierin spiegelt sich ihre Einstellung zu ihrem Dasein. Es schafft sicher ein anderes Lebensgefühl, wenn man zum Beispiel überzeugt davon ist, dass das Leben ein Kampf ist oder man das Leben als Reise sieht.

Ich hatte einen Freund, der sehr gerne Poker spielte und dabei auch meist gewann. Für ihn war das ganze Leben ein Pokerspiel. Er war davon überzeugt, dass jeder mal Glück und mal Pech habe, dass sich beides aber auf lange Sicht ausgleiche. Man gewinnt im Pokerspiel oder in diesem Leben dann, wenn es einem gelingt, seine Chancen in der Glücksphase zu erkennen und zu nutzen, um dann den Anderen zu besiegen.

Während des Lebens außerhalb des Pokerspiels lauerte er also auch auf seine Chancen, um den Anderen zu übertrumpfen. Dabei machte er immer ein »Pokerface« und ließ Niemanden in sich hineingucken, um seine Schwächen dem Gegner nicht zu offenbaren.

Als er eines Tages einem schönen Mädchen begegnete und sich in sie verliebte, musste er ihr natürlich auch das verheimlichen, denn er war überzeugt, dass einen das Verliebtsein in eine abhängige und damit schwache Position bringt. Er kämpfte um sie, wie man in einem Pokerspiel um den Sieg kämpft. Er ging mit ihr zum Essen aus, wobei er mit Bedacht das Restaurant und sein Äußeres wählte, aber seine Angebetete hatte den Eindruck, dass er emotional kalt sei. Dadurch hatte er »schlechte Karten«. Als ein anderer Verehrer dieses Mädchens auftauchte, verlor mein Freund sie an diesen »Mitspieler«.

Welches Bild haben Sie vom Leben? Ist Ihnen dieses Bild bewusst? Passt es wirklich auf alle Situationen, auf die Sie es anwenden? Kann es sein, dass es Sie – wie meinen Freund in der obigen Geschichte – manchmal zu Beurteilungen der Situation und damit zu Gefühlen und Verhaltensweisen führt, die nicht optimal sind, die für Sie zu negativen Konsequenzen führen?

»*Ich bin ein Künstler des Lebens – mein Kunstwerk ist mein Leben.*«

D. T. Suzuki

> *»Da unsere Zeit begrenzt ist,*
> *sollten wir sie nicht verschwenden,*
> *indem wir das Leben eines anderen leben.*
> *Lass nicht die Stimmen der Meinung anderer*
> *die eigene Stimme übertönen.*
> *Und besonders wichtig ist es, den Mut zu haben,*
> *dem eigenen Herz und der eigenen Intuition zu folgen.*
> *Die beiden wissen irgendwie schon,*
> *was du wirklich werden willst.*
> *Alles Andere ist zweitrangig.«*
>
> Steve Jobs, Manager

Das Vogelei

Unsere Aufgabe ist es, zu dem zu werden, der wir sind

Ein alter Bauer in Südamerika fand eines Tages ein großes Ei auf seinem Feld. Es war zu klein, um von einem Strauß zu stammen, aber auch viel zu groß, um einem der Singvögel aus dem Wald zu gehören. Er war neugierig, welchem Vogel dieses Ei gehören könnte, und er legte es zu dem Gehege seiner Pute, die gerade ein paar Eier im Nest hatte und diese ausbrütete.

Jeden Tag schaute er nach, ob sich etwas tat. Die kleinen Puten waren schon alle aus ihren Eiern geschlüpft, aber in dem großen Ei rührte sich immer noch nichts. Die Pute brütete aber weiter und obwohl der Bauer eigentlich nicht mehr glaubte, dass aus diesem großen Ei noch ein Vogel schlüpfen würde, nahm er es der Pute nicht weg. Und eines Tages schlüpfte dann doch ein komischer, sehr unansehnlicher Vogel.

Erst nach einigen Wochen wurde erkennbar, dass es sich bei diesem Vogel um einen Kondor handelte. Dieser Kondor wuchs unter seinen »Geschwistern«, den Puten, auf und war überzeugt, selber eine Pute zu sein. Er zeigte das gleiche Verhalten und machte auch keine Anstalten, jemals fliegen zu wollen, selbst als er schon längst flügge war.

Eines Tages allerdings sah der Kondor einen riesengroßen Vogel über dem Bauernhof kreisen. Er schaute hinauf, voller Angst, aber auch voller Faszination.

Das muss schön sein, sich so in die Lüfte erheben zu können, dachte er. Schade, dass ich nur eine Pute bin. Ich sollte am besten nicht mehr nach oben schauen, damit sich diese Sehnsucht wieder legt und sie nicht mehr so wehtut.

Viele Wochen später war der Bauer weggefahren und die Puten beschlossen, einen Ausflug in die Umgebung des Bauernhofes zu machen. Auch der Kondor war dabei. Die anderen Puten fanden ihn sehr hässlich und ließen ihn das auch wissen, waren aber doch bereit, ihn zu dem Ausflug mitzunehmen. Nach einer kurzen Wanderung kamen sie zum Meer. Nur eine Klippe trennte sie von dem Wasser, das keine große Brandung zeigte und verlockend aussah.

Wer würde sich trauen, die steile Klippe zu überwinden? Weil die Puten vor dieser Klippe Angst hatten, schickten sie ihren Außenseiter, den Kondor, vor.

»Du musst es versuchen, nimm all deinen Mut zusammen. Mal sehen, wie es dir ergeht, dann können wir es vielleicht auch versuchen«, ermunterten sie ihn.

Der Kondor hatte große Angst. Noch nie war er eine so hohe Klippe heruntergestiegen. Wie sollte er das anstellen. Aber die Puten drängten ihn immer mehr und versprachen ihm, dass sie künftig viel netter zu ihm sein würden, wenn er es wage. Er wollte so gerne von den Puten akzeptiert werden und so versuchte er es, obwohl er es sich eigentlich nicht zutraute.

Es kam, wie es kommen musste. Der Kondor hatte die ersten steilen Stellen überwunden und wollte sich auf einem kleinen Vorsprung ausruhen und überlegen, welchen Weg er nehmen sollte. Da brach dieser Vorsprung unter seinem Gewicht ab und er verlor den Boden unter den Füßen. Instinktiv öffnete er seine Flügel – und siehe da: Er konnte fliegen! Zuerst segelte er von der Klippe weg und sehr bald entdeckte er, dass er mit den Flügeln schlagen und so Höhe gewinnen konnte. Sein Glück war unbeschreiblich, als er über die Köpfe der flugunfähigen Puten hinwegflog. Er hatte endlich zu seiner Bestimmung gefunden und er kehrte nie wieder auf den Bauernhof zurück, wo er von den Puten so schlecht behandelt wurde.

Um glücklich zu werden, müssen wir zu unserer Bestimmung finden, wir müssen das tun, was in uns liegt. Manchmal erkennen wir diese Bestimmung erst, wenn wir vor besondere Aufgaben und Herausforderungen gestellt werden. Der Kondor hätte seine Bestimmung vielleicht nie gefunden, wenn er nicht gedrängt worden wäre, die Klippe herunter zu steigen. Seine Sehnsüchte alleine konnten ihn nicht auf den richtigen Weg führen, er hat sie überhört und sogar seine Augen vor dem verschlossen, was ihn auf den richtigen Weg hätte führen können.

»*Das Wesentliche ist, dass wir das sind, wozu uns die Natur bestimmt hat. Man ist stets nur gar zu sehr das, was die Menschen wollen, dass man sein soll.*«

Jean Jacques Rousseau

Die Trinkerkatze
Enttäuschte Erwartungen können die Seele zerstören

Katzen sind stolze und unabhängige Tiere. Sie haben unter den Menschen viele Freunde. Und sie sind gelehrig. Wenn man sie mit Futter belohnt, können sie komplizierte Bewegungsabfolgen lernen. In einem psychologischen Experiment wurde eine Katze trainiert, einen Klingelton auszulösen, um dann einen Mechanismus in Gang zu setzen, der ein Stück Futter, in einen Kasten transportierte. Danach konnte die Katze den Kasten öffnen um das Futter, ein Stück Fischbrot zu genießen.

Wie jedes andere gesunde Tier lehnte unsere Katze Alkohol ab. Wenn man ihr vier Schalen mit Milch vorsetzte, von den drei etwas Alkohol enthielten, dann schnüffelt sie die eine Schale heraus, in der keinen Alkohol hat und trinkt aus der.

Psychologen wollten nun wissen, was passierte, wenn man das Lernexperiment variierte und die Katze nach dem Öffnen des Kastens ab und zu statt des erhofften Fischbrots einen kalten Lufthauch erleben ließ. Für die Katze war diese kalte Luft sehr unangenehm, aber sie erlitt dadurch keinen körperlichen Schaden. Natürlich stutzte sie, als sie das erste Mal den kalten Lufthauch statt der erhofften Belohnung erlebte, ihre Erwartung wurde enttäuscht. Sie ließ den Deckel des Kastens wieder zufallen und begann das Experiment von vorne, als denke sie, sie habe etwas falsch gemacht. Nach diesem zweiten Versuch richtete es der Versuchsleiter so ein, dass sie wieder Futter fand. Das nächste Mal kam wieder die kalte Luft. So wechselten sich kalte Luft und Belohnung in unregelmäßiger Folge ab. Die Katze wurde immer unsicherer, ging immer zögerlicher an die Apparatur heran und resignierte schließlich nach einigen Versuchen, als ihr wieder einmal die kalte Luft entgegenschlug, und unternahm keine Versuche mehr. Sie lag apathisch in einer Ecke, ließ aber den Kasten nicht aus den Augen, als ob sie erwartete, dass er von sich aus das Problem lösen würde.

Wenn man ihr in dieser Situation mit Alkohol versetzte Milch anbot, trank sie diese, ganz im Gegensatz zu ihrem früheren Verhalten. Im alkoholisierten Zustand ging sie auch wieder an den Kasten und schaute, ob Futter darin war. Dann unternahm sie auch wieder die gelernte Bewegungsabfolge und wenn sie in diesem alkoholisierten Zustand der kalte Lufthauch traf, dann schien ihr das nichts auszumachen. Sie begann einfach wieder von vorne.

Wenn die Alkoholwirkung nachließ, hatte sie auch wieder Angst vor dem Kasten. Dann lag sie apathisch in ihrer Ecke und sah sehnsuchtsvoll zu dem Kasten, von dem sie sich offensichtlich nicht lösen konnte.

Auch ihr Verhalten hatte sich durch diese unangenehmen Erfahrungen verändert. Sie wirkte apathisch, putzte sich nicht mehr, fraß kaum noch. Wenn man ihr in diesem Zustand vier Schälchen Milch hinstellte, von denen eines etwas Alkohol enthielt, dann schnüffelte sie an allen vier

Schalen und trank, ganz im Gegensatz zu vorher, aus der Schale, die Alkohol enthielt. Sie suchte gleichsam nach dem Alkohol. Aus der Katze war durch das Experiment eine »Alkoholikerin« geworden.

Doch sie konnte geheilt werden und ist wieder zu einer normalen gesunden Katze geworden, die sich putzt und das katzentypische Verhalten zeigt. Nachdem man die Katze viel gestreichelt und ihr viel Sicherheit gegeben hat und darüber hinaus dafür sorgte, dass sie keine unangenehmen Überraschungen mehr erlebte, dann machte sie auch wieder regelmäßig ihre Übungen und lehnte schließlich auch wieder Alkohol ab. Sie ist wieder zu einer normalen gesunden Katze geworden, die sich auch wieder putzt und das typisch katzenhafte Verhalten zeigt.

Sicher kann man durch dieses Experiment nicht erklären, warum Menschen zu Alkoholikern werden. Es wird, wenn überhaupt, nur ein Faktor demonstriert aus dem Konzert von Einflussgrößen, die beim Menschen für den Alkoholismus verantwortlich sind.

Sehr gut zeigt aber das Experiment, welch großen Einfluss unsere Erwartungen und die Enttäuschung der Erwartungen haben. Wir alle gehen mit Erwartungen durch das Leben. Negative Erwartungen schützen uns vor Enttäuschungen, sie lassen uns aber passiv werden. Positive, optimistische Erwartungen machen uns offen für neue Erfahrungen, lassen uns aktiv werden, etwas unternehmen.

Vor allem im Umgang mit anderen Menschen scheint mir dieses Experiment eine Metapher zu sein, die das Verhalten vieler Menschen verständlich macht. Jeder Mensch ist wie der Kasten in dem Experiment. Jeder Mensch ist ein potenzieller Lieferant von Belohnungen, von Komplimenten, von Streicheleinheiten, von guten Gefühlen. Allerdings erleben wir auch immer wieder einen »kalten Lufthauch«, wenn unsere positiven Erwartungen ent-

täuscht werden. Es reicht schon, wenn sich ein Mensch, dem gegenüber wir uns öffnen und den wir (erwartungsvoll) ansprechen, sich von uns abwendet oder in anderer Weise abwehrend reagiert. Die Konsequenz ist oft, dass Menschen »zumachen«, dass sie sich nicht mehr öffnen, denn dann trifft sie der »kalte Lufthauch« nicht so sehr. Sie beschränken sich auf Small Talk und auf das Ausüben einer Rolle, die sie gelernt haben, die aber mit ihrer Person kaum etwas zu tun hat.

Können wir Menschen uns das nicht bewusst machen und die negativen Konsequenzen, die sich aus den unangenehmen Überraschungen der enttäuschten Erwartungen ergeben, vermeiden? Wir müssten nur die Erwartungen korrigieren und die ganze Situation von einer höheren Warte aus, aus der Hubschrauberperspektive wahrnehmen. Wir könnten uns dann deutlich machen, dass die abweisende Reaktion häufig gar nichts mit uns und der Beurteilung unserer Person, sondern nur mit der Situation des Gegenübers zu tun hat.

Belohnung und damit ein Schatz verbirgt sich nicht nur in vielen Menschen, die uns begegnen. Oft entdecken wir Schätze nicht, die uns noch viel näher sind.

> *»Das am tiefsten verwurzelte Prinzip der menschlichen Natur besteht in dem Bemühen nach Anerkennung.«*
> William James

Irrtum

Vorsicht gegenüber den Einstellungen und Erwartungen unserer Eltern

Vor vielen Jahren besuchte ein Bischof von der Ostküste der Vereinigten Staaten ein kleines religiöses College an der Westküste. Er wohnte in dem Haus des College-Präsidenten, der ein progressiver junger Mann war und Professor für Physik und Chemie.

Eines Tages lud der Präsident seine Fakultätskollegen zu einem Essen mit dem Bischof ein, damit sie von seiner Weisheit und Erfahrung profitieren könnten. Nach dem Essen kam das Gespräch auf die wissenschaftlichen und technischen Fortschritte der Zeit und der Bischof behauptete, dass es weitere wesentliche Entwicklungen nicht mehr geben werde. Einer der Gründe dafür sei die Tatsache, dass in der Natur alles entdeckt sei und alle nur erdenklichen Erfindungen gemacht worden seien.

Der Präsident widersprach höflich. Seiner Meinung nach, sagte er, befände sich die Menschheit auf der Schwelle zu großartigen neuen Entdeckungen. Der Bischof forderte den Präsidenten auf, eine solche zu benennen. Dieser sage, er erwarte, dass die Menschen in den nächsten fünfzig Jahren fliegen lernen würden.

Der Bischof bekam einen Lachanfall. »Unsinn, mein Lieber!«, rief er, »wenn Gott vorgesehen hätte, dass wir fliegen sollen, hätte er uns mit Flügeln versehen. Fliegen ist Vögeln und Engeln vorbehalten.«

Der Bischof hieß Wright. Er hatte zwei Söhne, Orville und Wilbur. Sie erfanden das erste Flugzeug.

Wie oft hindern uns die eigenen, selbstgesetzten Prämissen, dass wir das erkennen, was direkt von unseren Augen liegt?

»*Das Vorurteil übt eine geheime Macht über unser Urteil aus; was ihm gemäß ist, erscheint uns alsbald billig, gerecht, vernünftig; was ihm zuwider läuft, stellt sich uns, in vollem Ernst, als ungerecht und abscheulich, oder zweckwidrig und absurd dar. Daher so viele Vorurteile des Standes, des Gewerbes, der Nation, der Sekte, der Religion.*«

Arthur Schopenhauer

> *»Die wirkliche Liebe beginnt,
> wo keine Gegengabe mehr erwartet wird.'«*
> Antoine de Saint-Exupéry

Die Kraft der Liebe
Ehen werden im Himmel geschlossen

Moses Mendelssohn (1729–1786) war ein wichtiger deutsch-jüdischer Philosoph. Sein Buch »Phädon oder über die Unsterblichkeit der Seele« war das meistgelesene Buch seiner Zeit.

Mendelssohn hatte einen Buckel und war auch sonst nicht gerade eine Schönheit. Er hatte sich daher auch mehr auf das Denken als auf die Gesellschaft von Damen verlegt. Mit dreiunddreißig Jahren war er immer noch alleine und auf dem besten Weg, ein seltsamer Kauz zu werden.

Als er Anfang des Jahres 1762 im Auftrag seines Arbeitgebers eine Kaufmannsfamilie in Hamburg besuchte, begegnete er auch der Tochter aus dieser angesehenen hanseatischen Familie. Fromet Guggenheim war vierundzwanzig Jahre alt und eine bezaubernde Erscheinung. Sie hatte blonde Haare und blaue Augen. Mendelssohn verliebte sich sofort in sie und versuchte sich ihr zu nähern. Sie kannte natürlich seine Reputation, aber äußerlich entsprach er nicht gerade den Vorstellungen, die sie von ihrem zukünftigen Ehepartner hatte. Als sie ihn das erste Mal richtig angesehen hatte, war sie vor ihm zurückgeschreckt.

Kurz bevor Mendelssohn wieder abreisen musste, waren sie einmal alleine, und er beschloss, einen letzten Versuch zu wagen, die Dame seines Herzens zu erobern. Fromet saß mit niedergeschlagenen Augen da. Sie wagte nicht, ihn anzusehen.

»Ist es der Buckel?«, brach Moses das Schweigen.

Fromet nickte fast unmerklich.

»Glaubst du, dass Ehen im Himmel geschlossen werden?«, war die zweite Frage.
Wieder nickte sein bezauberndes Gegenüber.
»Ich glaube das auch. Aber dazu muss ich dir eine Geschichte erzählen: Wenn ein jüdisches Kind geboren wird, wird im Himmel der Name des späteren Ehepartners bekannt gegeben. Auch als ich geboren wurde, wurde mir meine zukünftige Frau genannt, und ich erfuhr, dass meine Frau einen Buckel haben würde. Ich erschrak und flehte Gott an: ›Lieber Gott, eine verunstaltete Frau wird verbittert und unglücklich sein. Bitte lass mich den Buckel haben und mach sie hübsch und bezaubernd.‹ Und der gütige Gott erfüllte mir meinen Wunsch.«
Fromet war so sehr von dieser Geschichte berührt, dass sie ihn erhörte und heiratete. Sie führten eine glückliche Ehe und hatten sieben Kinder. Einer ihrer Enkel wurde der berühmte deutsche Komponist Felix Mendelssohn, der unter anderem den »Mitsommernachtstraum« verfasst hat.

»O Schönheit, erkenne dich in der Liebe, nicht im Schmeichelbild deines Spiegels.«
Rabindranath Tagore

Unser Äußeres spielt vor allem in der heutigen Zeit, unterstützt und verstärkt durch den Einfluss der Medien, eine große, oft die entscheidende Rolle, wenn es darum geht, dass wir ein Urteil über eine andere Person treffen. Dabei spielt die Attraktivität eines Menschen für das Gelingen einer Beziehung keine wesentliche Rolle.

»Schönheit wirkt auf den ersten Blick angenehm, aber wem fällt sie auf, wenn sie drei Tage im Haus ist?«
George Bernard Shaw

Glücklich sein

Erfolgreich leben
Eine kurze Zen-Weisheit

Ein Geschäftsmann kommt zum Zen-Meister. Er sucht das Geheimnis eines gelungenes Lebens.

Da sagt der Meister: »Mache jeden Tag einen Menschen glücklich!«

Nach einer Weile: »Selbst wenn dieser Mensch du selbst bist.«

Wenig später: »Vor allem, wenn dieser Mensch du selbst bist.«

Nur wenn wir selbst glücklich sind, können wir dieses Glück auf Andere übertragen. Nur wenn wir selbst glücklich sind, fallen wir Anderen nicht zur Last. Sich selbst glücklich zu machen, ist der erste Schritt auf dem Weg, andere glücklich zu machen.

»Keine Pflicht wird so vernachlässigt wie die Pflicht glücklich zu sein.«
                                        Robert Louis Stevenson

*»Das Glück hängt nicht davon ab, wie viel wir haben,
sondern davon, wie viel Freude wir daran haben.«*

Autor unbekannt

Armut und Nächstenliebe in Südafrika

Wie reich muss man sein, um geben zu können?

Bei einem meiner Besuche in Kapstadt lernte ich ein dunkelhäutiges Mädchen kennen, das in einem der ausgedehnten Slums rund um die Stadt wohnte. Ihr Name war Maria. Ich sah sie jeden Morgen beim Frühstücken. Sie putzte die Tische und machte andere »niedere« Arbeiten. Sie war mir als besonders scheu aufgefallen und es war für sie offensichtlich unbegreiflich, dass sich ein Fremder, ein Weißer, ein europäischer Geschäftmann, für sie interessierte. Freilich, wir kamen aus völlig verschiedenen Welten, aber gerade das machte sie für mich interessant. Es war, als lauerte sie darauf, jeden Moment den »Haken« zu finden, jeden Moment herauszufinden, was ich von ihr wollte und wie ich sie ausnützen könnte. Als Maria aber langsam erkannte, dass mein Interesse an ihr als Person ehrlich war und dass ich nichts Anderes wollte, als ein wenig über ihr Leben zu erfahren, da fasste sie langsam Vertrauen, öffnete sich etwas und begann zu erzählen.

Aus den vielen Andeutungen, die sie in unseren Gesprächen fallen ließ, bildete sich für mich folgendes Bild: Maria war eines der vielen Waisenkinder in Südafrika. Ihren Vater hat sie nie kennengelernt und ihre Mutter, eine Prostituierte, hatte sie sehr früh weggegeben. Sie wurde von Familie zu Familie gereicht. In den meisten wurde sie missbraucht, bis sie weglief, um dann wieder aufgegriffen zu werden und in eine neue Familie zu kommen, in der das Spiel von vorne anfing. Als ich sie kennenlernte, war sie neunzehn Jahre alt und hatte einen Hilfsjob in dem Hotel, in dem ich wohnte. Sie war sehr stolz darauf, Arbeit gefunden zu haben, obwohl ich mir vorstellen konnte, wie wenig sie verdiente.

Maria hatte außer zu den Mitarbeitern des Hotels wenige soziale Kontakte – und aus Nebenbemerkungen wurde deutlich, dass ihre Kollegen auf sie herabblickten, da sie nichts gelernt hatte und auch nicht fest angestellt war, also in jeder Beziehung ein Mensch, der unter allen Anderen stand.

Maria erzählte mir eine Geschichte, die sie vor ein paar Wochen erlebt hatte und die ihr offensichtlich sehr nahe gegangen war. Während sie sie erzählte, kämpfte sie immer mit den Tränen:

»Auf dem Weg zu meiner Arbeit gehe ich meist an einem jungen Bettler vorbei, der immer an der gleichen Stelle sitzt. Es ist ein Junge, ich schätze ihn auf zwölf bis vierzehn Jahre. Lange Zeit haben wir uns nicht beachtet, aber nachdem er mich immer wieder gesehen hatte und ich ihm auch ab und zu mal eine Münze gegeben habe, kannten wir uns und haben uns mit Kopfnicken gegrüßt. Wahrscheinlich – so denke ich mir – ist er genauso einsam wie ich. Sicher hat auch er keine eigene Familie und niemanden, der sich um ihn kümmert.«

Auch ich hatte oft die bettelnden Kinder gesehen, ihnen aber nur selten etwas gegeben, da sie immer sehr aufdringlich wurden, wenn sie entdeckten, dass bei einem etwas zu holen war. Doch jetzt sah ich diese bettelnden Kinder durch die Augen von Maria und fragte mich, ob ich nicht doch großzügiger hätte sein sollen.

Maria hatte während einer kurzen Gesprächspause Kraft für die Fortsetzung der Geschichte geholt und erzählte jetzt weiter: »Weihnachten ist für mich immer eine besonders schwierige Zeit. Es ist ein Fest für Menschen mit Familie, mit Freunden, nicht für Menschen wie mich. Ich kenne niemanden, von dem ich Geschenke erwarten kann oder den ich beschenken könnte. Auf dem Weg zur

Arbeit komme ich an vielen Schaufenstern vorbei und die schönen Auslagen vor Weihnachten sind für Menschen wie mich besonders schmerzlich. Letztes Weihnachten wurde ich richtig traurig – aber auch irgendwie wütend: Ich wollte auch Weihnachten erleben, Weihnachten fühlen. Aber wie macht man das? Wie kann ich Weihnachten erleben?«

Sie schwieg einen Moment und ich war mir nicht sicher, ob ihre Frage rhetorisch gewesen war oder ob sie sich eine Antwort von mir erwartete. Ich wusste nicht, wie ich ihr Weihnachten näher bringen sollte und war gerade dabei, irgendetwas zu antworten, nur um etwas zu sagen, da übernahm sie wieder das Wort:

»Ich fand keine Antwort auf diese Fragen, da kam ich bei meinem Freund, dem Bettler, vorbei. Auf einmal wusste ich, was Weihnachten sein könnte. Ganz spontan sprach ich ihn an und sagte ihm, dass ich ihm gerne etwas zu Weihnachten schenken möchte und dass er sich etwas wünschen solle. ›Ich hätte so gerne einmal Schuhe, ich hatte noch nie Schuhe‹, war seine Antwort. Ich versprach, ihm diesen Wunsch zu erfüllen, und am nächsten Tag nahm ich all mein Erspartes mit, um mit ihm Schuhe zu kaufen. Ich hatte nicht viel Geld und große Angst, dass er sich Schuhe aussuchen könnte, die ich nicht bezahlen kann. Aber er suchte sich sehr billige Turnschuhe aus. Sie können sich nicht vorstellen, was für ein schönes Gefühl über mich kam, als ich seine glücklichen Augen sah. Ich hatte das noch nie erlebt. Ich dachte immer, Weihnachten heißt, Geschenke zu bekommen. Ich wollte so gerne Weihnachten erleben. Auf einmal hatte ich mein Weihnachtsgefühl gefunden.«

Maria fiel es nicht leicht, mit ihren einfachen Worten ihre großen Gefühle zu beschreiben.

»Vorgestern war Valentinstag. Auch das ist ein Tag, der nicht für Menschen wie mich gemacht ist. Er macht mich nur traurig, denn dann wird mir wieder bewusst, wie einsam ich bin und dass niemand an mich denkt. Als ich an diesem Tag auf meinem Weg zur Arbeit bei meinem Bettler vorbeikam, überreichte er mir eine einzelne Blume. Ich glaube, ich habe mich über diese Blume mehr gefreut, als er sich über die Schuhe.«

Wie reich muss man sein, um geben zu können?

Vor meiner Abreise gab ich einen verschlossenen Umschlag, auf dem ihr Name stand, an der Rezeption ab, weil ich sie nicht in Verlegenheit bringen wollte. Aber sie hat mich doch noch telefonisch erreicht, kurz bevor ich das Zimmer mit meinen Koffern verließ.

Unter Tränen fragte Maria mich nur: »Warum hast du das getan?«

Meine Antwort war: »Warum hast du dem Bettler Schuhe gekauft?«

Reichtum ist relativ. In Südafrika erlebe ich immer wieder, dass wir hier in Deutschland sehr verwöhnt sind, dass wir uns an einen Lebensstandart gewöhnt haben, der für die meisten Bewohner Südafrikas unerreichbar erscheint. Glücksmomente zu erleben, sich des Lebens zu freuen, ist aber von der Frage des Wohlstands losgelöst, ist vielleicht mehr eine Frage des Gebens als des Habens oder Nehmens. Es ist eine Frage des Herzens.

>*»Das Traurigste, was ich mir vorstellen kann, ist, an Luxus gewöhnt zu sein.«*
>
>   Charlie Chaplin

Die »richtige« Sichtweise auf das Leben
Wie das Unglücklichsein über die Welt kam

Vor langer Zeit lebte einmal eine große Familie. Es war eine glückliche Familie mit vielen Kindern. Sie freuten sich alle aneinander und am Leben, mit Ausnahme der Jüngsten in der Geschwisterreihe, die ihre Geschwister und Eltern immer nur »Kleine« nannten. Sie war aber nicht nur die Kleinste, weil sie die Jüngste war, sondern sie blieb die Kleinste, auch, als sie ausgewachsen war. Sie hasste es, die Kleinste zu sein. Dabei war sie nicht mal besonders klein, aber ihre Geschwistern waren größer, und damit konnte sie sich nicht abfinden.

Nach ihrer Überzeugung waren ihre Geschwister nicht nur hinsichtlich ihrer Körpergröße vom Schicksal bevorzugt. Sie hatten auch einfach mehr Glück. Sie fanden alle sehr früh Partner, um die man sie nur beneiden konnte, während sie selbst immer nur Affären mit Männern hatte, die ihrer Liebe nicht wert waren. Ihre Geschwister waren erfolgreich in ihrem Beruf, während sie, die »Kleine«, keinen Job finden konnte, in dem sie wirklich längere Zeit zufrieden war. Sie wechselte ihn immer wieder, ohne dass sich ihre Situation wirklich verbesserte.

Eines Tages begegnete sie einem Mann, dem es ähnlich ging. Nach seiner Ansicht war er nur von Menschen umgeben, die ungerechtfertigterweise mehr verdienten und mehr Erfolg hatten als er, obwohl er doch eigentlich fleißiger und intelligenter war. Endlich hatte die »Kleine« Jemanden gefunden, der sie verstand, und sie beschlossen gemeinsam etwas zu unternehmen.

Sie gründeten eine Schule, in der die Menschen lernen sollten, wie man die Welt realistischer sieht. In den vielen Diskussionen, die sie hatten, war ihnen nämlich deutlich geworden, dass die meisten Menschen mit völlig unrealistischen Sichtweisen durchs Leben gingen. Daran wollten sie etwas ändern.

Schnell wurde der Themenplan für die geplante Schule zusammengestellt.

Die Lektionen hießen:

- Wie man die Fehler seiner Mitmenschen entdeckt.
- Wie man dem Anderen seine Fehler deutlich macht, ohne um »den heißen Brei herumzureden«.
- Wie man die Zukunft realistisch sieht, ohne sich zu große Hoffnungen zu machen.
- Wie man sich auf zukünftiges Unglück einstellen kann.
- Wie man vermeidet, mit unrealistischen Vorstellungen über die eigenen Fähigkeiten durchs Leben zu gehen.

- Wie man verhindert, dass man die Fehler und Ungerechtigkeiten Anderer vergisst.
- Wie man sich lebendig fühlt, wenn man Kleinigkeiten, die schief gelaufen sind, zum Anlass nimmt, sein Temperament zu zeigen und seine Emotionen wieder einmal richtig zum Ausdruck zu bringen.
- Wie man verhindert, auf die Rechtfertigungen und »Entschuldigungen« Anderer hereinzufallen, da sie ja doch in der Regel erfunden sind.
- Wie man die Gefahren des positiven Denkens richtig einzuschätzen lernt.
- Wie man es vermeidet, sich Anderen zu öffnen und so verwundbar zu werden.

Die Liste wurde natürlich während der Realisation des Schulprojektes noch weiter ergänzt, was den beiden nicht schwerfiel, nachdem sie sich erst einmal in die richtige Stimmung versetzt hatten.

Sie waren mit diesem Projekt sehr erfolgreich und auch wenn heute diese Schule längst wieder geschlossen ist und die meisten den Ursprung ihrer Gedanken und Einstellungen vergessen haben, so lebt der Geist dieser Schule doch in vielen von uns weiter.

Schade nur, dass die glücklichen Geschwister der »Kleinen« keine Schule gegründet und uns somit auch nicht vermittelt haben, wie sie es schafften, in dieser so schrecklichen Welt trotzdem glücklich zu sein.

»Mir wurde klar, dass es zwei Wege gibt, die du im Leben nehmen kannst. Einer besteht darin, dass man das Leben als eine Serie von Problemen, beängstigenden Situationen oder Versagenserlebnissen sieht. Der andere besteht darin, dass man das Leben als Erfahrungen, Gelegenheiten und Abenteuer sieht. Es ist genau das gleiche Leben. Es ist nur die Sichtweise anders. Du kannst den Weg A oder den Weg B wählen. Du hast immer die Wahl.«

Thea Alexander

Glücklich zu sein kann man lernen, genauso wie unglücklich sein. Wir lernen es vor Allem durch Vorbilder und durch unsere Erlebnisse beziehungsweise die Verarbeitung dieser Erlebnisse. Dieser Prozess vollzieht sich in der Regel unbewusst und vor allem in früher Kindheit. Daher ist man sich auch nicht bewusst, dass und wie man es gelernt hat, glücklich oder unglücklich zu sein.

Grundsätzlich kann man alles, was gelernt ist, neu lernen, umlernen. Natürlich ist das besonders schwer, wenn die gelernten Einstellungen und Verhaltensweisen zur zweiten Natur geworden sind und wenn man sich gar nicht mehr bewusst ist, dass man sie zum Beispiel von einer Bezugsperson übernommen hat. Vor Allem kann man nur das lernen, was man wirklich lernen will. Keiner kann einen zwingen, etwas zu lernen, wenn man nicht will.

Aber wenn man es zu seinem vorrangigen Ziel gemacht hat, dann kann man seine Einstellungen und damit seine Sicht von der Welt beeinflussen. Dadurch kann man auch erreichen, dass man die Welt in einem anderen Licht sieht und glücklicher ist – und dabei können auch Bücher helfen.

Um glücklich zu werden, brauchen wir nicht nur die richtige Einstellung, sondern wir müssen auch in uns hineinhorchen und uns für die richtigen, uns selbst entsprechenden Ziele einsetzen. Davon handelt die nächste Geschichte.

> *»Es ist meine Überzeugung – eine Überzeugung, die durch Beweise gestützt wird – dass wir uns unseren Weg zum Erfolg und zum Glücklichsein denken können, so wie unseren Weg zum Versagen und zur Verzweiflung.«*
> Manfred Kets de Vries

»*Die wahre Vollendung des Menschen liegt nicht in dem,
was er besitzt, sondern was er ist.*«

Oscar Wilde

Der Bürgermeister

Manchmal müssen wir innehalten,
um unseren Weg zu überdenken

Daniel stammte aus einer armen Familie in Argentinien. In der Schule fiel er durch seine schnelle Auffassungsgabe auf. Er schaffte einen besonders guten Schulabschluss und erhielt ein Stipendium für ein amerikanisches College. Nach der Highschool arbeitete er als Broker bei einem New Yorker Brokerhaus. Er verdiente viel Geld und das motivierte ihn, immer mehr zu arbeiten. Er hatte keine Freundin und arbeitete fast ununterbrochen. Oft schlief er im Büro nur ein paar Stunden und so war er morgens der Erste und abends der Letzte, den man im Büro antraf. Er arbeitete auch an Feiertagen, sogar an Weihnachten. Das machte er vier Jahre lang und wurde in dieser Zeit mehrfacher Millionär.

Nach diesen vier Jahren wurde er das erste Mal in seinem Leben ernsthaft krank und der Arzt legte ihm dringend nahe, dass er eine Pause machen sollte. Er beschloss also, Urlaub zu machen und für drei Wochen an einen Strand zu fahren und nichts zu tun. Er suchte sich eine kleine Stadt am Meer in der Nähe von Buenos Aires aus. Schon nach einer Woche wurde ihm das Nichtstun unerträglich. Er half den Einheimischen bei diesem und jenem und er gab ihnen Rat. Schnell wurde er beliebt und geachtet. Als die drei Wochen vorbei waren, konnte er sich nicht entschließen, wieder nach New York in seinen Beruf zurückzukehren. Er verlängerte zuerst seinen Urlaub und entschloss sich schließlich, ganz in den kleinen Ort zu bleiben.

Heute ist er mit nur dreißig Jahren der angesehene Bür-

germeister dieser Stadt. Er verdient nur ein Bruchteil dessen, was er als Broker verdient hat, aber darauf kommt es ihm nicht mehr an. Er spürt, dass er etwas für die Bürger seiner Stadt tun kann, und das gibt ihm große Befriedigung. Das ist ihm heute viel mehr wert als das viele Geld, das er früher verdient hat. Auf einmal hat er auch Zeit für Freunde und sogar eine Frau gefunden und ist dabei zu überlegen, ob er nicht eine Familie gründen soll.

Dies ist eine wahre Geschichte, zumindest hat mir das der Freund, der sie mir erzählt hat, versichert. Sie macht deutlich, dass Glücklichsein und Geldverdienen nicht das Gleiche sind. Sie zeigt uns, dass wir vor Allem danach suchen müssen, was uns befriedigt, welche Tätigkeit uns sinnvoll erscheint und unserem Wesen entspricht. Geld kann ein gutes Mittel sein, mit dem man etwas erreichen kann, aber es besteht die Gefahr, dass das Geldverdienen zum Selbstzweck wird und dann hat das Geldverdienen seinen Sinn verloren.

»Man muss sich entscheiden, ob man reich an materiellen Dingen sein will oder in der Freiheit sie zu benutzen.«

Ivan Illich

> *»Glück oder Unglück der Menschen*
> *hängen nicht weniger von ihrem Gemüt*
> *als vom Schicksal ab.«*
> La Rochefoucauld

Die zwei Seiten des Schicksal?
Die Geschichte des Wirtes des Gasthofes »Zur Post« in Wessobrunn

Man sah ihm an, dass er sein Leben lang gekämpft, dass er sich für das eingesetzt hatte, was ihm wichtig erschien. Die Falten in seinem Gesicht schienen von dem Lebenskampf zu erzählen, aber es lag auch Zufriedenheit in seinen Zügen und auch die Art, wie er sprach, zeigte, dass er mit seinem Leben im Reinen war. Ich sprach daher gerne mit ihm und hatte den Eindruck, dass er auch gerne über sein Leben erzählte.

Ich war dem Wirt des Gasthofs »Zur Post« in Wessobrunn als Gast begegnet. Es war nicht sehr viel los und so kamen wir ins Gespräch und er beantwortete gerne meine aus echtem Interesse entstandenen Fragen. Ich war beeindruckt von der Freundlichkeit, die er und seine Mitarbeiter ausstrahlten. Mich interessierte, warum man sich in manchen Wirtshäusern sehr wohl fühlte, während man in anderen offensichtlich eher als Störenfried, als Anlass für Mühen angesehen wurde.

Er erzählte mir, dass sein Betrieb seit zwei Generationen in den Händen seiner Familie liegt, von ihm geleitet werde, mit seinem Namen verbunden sei und ihm seit fast zwanzig Jahren gehöre. Er war offensichtlich stolz darauf und es war auch ein Gasthof, der sich sehen lassen konnte. Überall war erkennbar, dass mit Liebe zum Detail darauf geachtet wurde, dass das Haus sich optimal präsentierte. Sein Vater hatte den Betrieb, der bis dahin einem nahe gelegenen Kloster gehört hatte, nach dem Krieg als

Geschäftsführer übernommen. Zehn Jahre später pachtete sein Sohn den Gasthof.

»Der Pater des Klosters fragte mich immer wieder, ob ich den Betrieb nicht kaufen wolle, aber ich hatte kein Geld, wie sollte ich das schaffen? Aber der Pater sagte, dass er Zeit habe und dass er mir verspreche, dass er es keinem Anderen verkaufen würde. Auch ein paar Jahre später fragte er wieder und machte einen günstigen Preis, der schon verlockend war. Da habe ich das erste Mal angefangen zu rechnen, aber mir war klar, dass ich sehr viel Geld in die Renovierung des Hauses und der Küchentechnik investieren müsste, und dass das zusammen mit dem Kaufpreis von mir nicht darstellbar war. Ich lehnte das Angebot also wieder mit Bedauern ab. Aber auch damals war die Antwort des Paters, dass er Zeit habe und an keinen Anderen verkaufen würde. Meine Frau und ich verstanden uns mit dem Pater sehr gut, wir waren in all der Zeit fast zu seinen Ersatzkindern geworden. Sein Sohn war in den letzten Kriegstagen gefallen. Daraufhin war er dem Kloster beigetreten.

Er ließ die Gastwirtschaft renovieren und mit der neuesten Küchentechnik ausstatten. Als alles fertig war, fragte er mich erneut, ob ich nicht kaufen wolle. Jetzt endlich ging ich zur Bank und verhandelte Kreditkonditionen aus. Es zeigte sich, dass die Zinsen nur unwesentlich höher waren als die Pacht. Also sagte ich zu und seitdem gehört das alles mir. Inzwischen ist die Hypothek auch schon weitgehend zurückgezahlt und mein Sohn wird einmal einen Betrieb übernehmen, der gar nicht oder kaum noch belastet ist. Wissen Sie, mein Sohn arbeitet schon seit drei Jahren zusammen mit seiner sehr tüchtigen Frau hier in der Küche. Wir sind sehr froh, wie alles gelaufen ist.«

Eine Bilderbuchgeschichte. Alles schien glatt gegangen zu sein, man könnte fast neidisch werden. Ich aß Weiswürste, die würzig und nicht so fett waren, und als der Wirt noch einmal zu meinem Tisch kam, sagte ich ihm, dass sie vorzüglich seien. »Machen Sie die selbst?«

»Wir beziehen die Fleischwaren von einem befreundeten Metzgerei am Ort«, antwortete er bereitwillig. »Früher hatten wir eine eigene Metzgerei, aber ich habe Knochenkrebs in meinem Arm und kann ihn daher nur sehr eingeschränkt bewegen. Da musste ich die Metzgerei aufgeben. Der Arm musste schon zweimal operiert werden.«
Er zeigte mir, wie sehr die Bewegungsfähigkeit seines Armes eingeschränkt war, aber der Optimismus und die positive Ausstrahlung in seinem Gesicht waren nicht verschwunden. Wie machte er das?

»Wer vom Schicksal herausgefordert wird, entrüstet sich nicht über die Bedingungen.«

Dag Hammarskjöld

Wie oft glauben wir, dass ein Mensch anscheinend alles Glück der Erde in sich vereint, und wenn wir ihn ein wenig näher kennenlernen, erfahren wir, dass auch er seinen Teil zu tragen hat. Was unterscheidet also die glücklichen von den unglücklichen Menschen? Ist es nicht die Fokussierung auf das Glück? Der Wirt in der Geschichte hatte offensichtlich seine Gastwirtschaft im Vordergrund seines Bewusstseins und nicht den Knochenkrebs. Er dachte über sich hinaus, hatte sich offensichtlich schon mit seinem Ende auseinandergesetzt und war trotzdem zufrieden.

Kann man diese Form der Zufriedenheit, diese Orientierung, diese Einstellung lernen?

»Wenn du jemanden kennst, der rundum glücklich ist und der vom Schicksal kein einzige Aufgabe gestellt bekommen hat – dann frage dich, ob du ihn wirklich gut kennst.«

N. N.

> *»Nur einmal werden wir geboren, ein zweites Mal ist (wahrscheinlich) nicht möglich, und wir müssen eine ganze Ewigkeit hindurch nicht mehr sein. Trotzdem schiebst du den rechten Augenblick immer wieder hinaus und bist doch nicht einmal Herr über den morgigen Tag. Überm Zaudern schwindet aber das Leben dahin und so manche sterben, ohne sich im Leben jemals recht Zeit genommen zu haben.«*
> Epikur

Peter und der Zauberfaden
Von der Freude am Moment

Es was einmal ein kleiner Junge, Peter, den hatten alle lieb. Er hatte immer ein Lächeln auf den Lippen und sein hübsches Gesicht wurde von goldblonden Locken eingerahmt. Er hatte eigentlich Alles, was er sich wünschen konnte, eine Familie mit Geschwistern, die ihn liebten, gute Noten in der Schule, viele Freunde, aber er hatte eine ganz entsetzliche Schwäche: Er konnte sich an all dem nicht freuen, denn er lebte immer in der Zukunft. Er konnte niemals im Jetzt leben. Wenn er mit den Freunden zusammen war, freute er sich darauf, wieder zu Hause zu sein, wenn er zu Hause war, langweilte er sich und wollte lieber draußen etwas unternehmen, wenn er in der Schule war, konnte er es nicht erwarten, dass er endlich die Schule wieder verlassen durfte. Er hatte immer Vorstellungen von schönen Situationen, in denen er sich jetzt gerne befunden hätte, die aber im Moment nicht erreichbar waren, und wenn er sie dann endlich erreicht hatte, wünschte er sich schon wieder etwas Anderes.

Eines Tages ging er in den Wald und da er müde war, legte er sich in einer schönen Lichtung auf ein weiches Moospolster und machte die Augen zu. Er schlief sofort ein und auf einmal erschien ihm eine Fee mit einem sehr gütigen Gesicht, ein Gesicht, zu dem er sofort Vertrauen fasste. Die Fee hatte eine Kugel in der Hand, aus der ein goldener Faden hing. Diese Kugel übte eine unerklärliche Anziehung auf Peter aus und er fragte die Fee, was es mit der Kugel auf sich habe.

»Das ist eine Zauberkugel und das, was da heraushängt, ist der Faden deines Lebens. Wenn du an ihm ziehst, dann vergeht die Zeit ganz schnell. Wenn du ein kleines Stück herausziehst, dann vergehen Stunden in Sekunden, wenn du ein größeres Stück herausziehst, dann vergehen Tage in wenigen Augenblicken, du kannst aber auch ganze Jahre in wenige Minuten verwandeln, wenn du ein ganz großes Stück des goldenen Fadens aus der Kugel herausziehst. Möchtest du diese Kugel haben?«

»Oh ja, gerne. Vielen Dank. Jetzt muss ich mich nie mehr langweilen«, sagte Peter und steckte die Zauberkugel in seine Tasche.

Als Peter das nächste Mal in der Schule war und sich wieder langweilte, erinnerte er sich an die Zauberkugel in seiner Tasche. Er holte sie heraus und zog ein wenig an dem Faden. Schon befand er sich zu Hause.

Er war fasziniert von der Macht des Zauberfadens. Da wurde ihm bewusst, dass er sich schon immer gewünscht hatte, nicht mehr so klein zu sein. Er wollte endlich so groß und alt sein wie die Kinder in den Abschlussklassen. Dann wüsste er das, was diese Kinder wussten, und könnte viele Dinge tun, die er heute noch nicht tun konnte oder durfte. Er zog also ein größeres Stück des goldenen Zauberfadens aus der Kugel und stand wenige Augenblicke später kurz dem Abitur. Aber jetzt musste er lernen und das gefiel ihm auch nicht, also wünschte er sich, erwachsen zu sein und alle Prüfungen hinter sich zu haben. Er zog also noch einmal ein großes Stück des Fadens heraus und war ein erfolgreicher Anwalt, der mit einer Frau und zwei kleinen süßen Kindern in einem großen Haus lebte und ein schönes Auto hatte. Er saß in seinem Arbeitszimmer und versuchte, sich auf einen Fall vorzubereiten. Die Kinder wollten mit ihm spielen und quengelten und bettelten, dass er sich doch Zeit für sie nehmen sollte. Da kam ihm der Gedanke, dass es doch besser wäre, wenn die Kinder schon groß und vernünftig wären, und er zog wieder an dem Faden. Wenige Augenblicke später war er immer noch in dem Haus, aber die Kinder waren schon Teenager und spielten gerade laute Popmusik. Auch das gefiel ihm nicht und ein weiteres Ziehen an dem Faden führte dazu, dass er mit seiner Frau allein in dem Haus war, die Kinder waren ausgezogen und er hatte inzwischen einige graue Haare. Auch seine Frau war nicht mehr so attraktiv wie bei der Hochzeit. Die Arbeit auf seinem Schreibtisch türmte sich und er wünschte sich, in Pension zu sein, um nicht mehr arbeiten zu müssen. Auch das ließ sich mit dem Faden einfach herstellen, aber er hat wohl etwas zu stark gezogen, denn er war jetzt weit über achtzig Jahre alt, seine Frau war vor ein paar Jahren gestorben und er fühlte sich alt und leer. Er war müde und gar nicht zufrieden mit seinem Leben.

Als alter Mann ging Peter daraufhin wieder in den Wald und auch dieses Mal legte er sich in einer Lichtung auf ein Stück Wiese und schlief ein. Wieder erschien ihm die Fee und fragte ihn, wie es ihm ginge und ob er sich an der Zauberkugel erfreut habe.

»Die Zauberkugel hat funktioniert, aber ich habe mein ganzes Leben versäumt«, antwortete Peter. »Sicher habe ich einige unangenehme Momente überspringen können, aber damit auch die ganzen schönen Momente. Ich hasse diese Zauberkugel.«

»Du bist sehr undankbar«, sagte die Fee. »Aber ich bin bereit, dir noch einen Wunsch zu erfüllen.«

»Ich wünsche mir, dass ich wieder ein kleiner Junge bin und keine Zauberkugel habe.«

»Der Wunsch sei dir gewährt.«

Und Peter wachte als kleiner Junge in seinem Kinderbett von dem Rufen seiner Mutter auf. »Wenn du dich jetzt nicht beeilst, dann kommst du zu spät in die Schule!«

Peter sprang aus dem Bett und freute sich auf den Tag. Er genoss die Sonne und das Frühstück und langweilte sich nie mehr in der Schule.

Leider ist das ein Märchen – in der Realität können wir niemals Zeitreisen unternehmen. Aber wir können uns, so wie Peter am Schluss der Geschichte, freuen, dass wir ohne Zauberfaden leben.
Wir haben es in der Hand, ob wir uns an der Gegenwart erfreuen, ob wir jeden Moment genießen oder ob wir uns wünschen, in einer anderen Situation zu sein. Das Märchen zeigt uns, dass wir leicht unser Leben versäumen, wenn wir immer an die Zukunft denken.

»So kurz das Leben auch ist, wir machen es noch kürzer durch die nachlässige Verschwendung der Zeit.«
Victor Hugo

Der Kreis der Neunundneunzig
Wovon ist es abhängig, dass wir glücklich sind?

Es war einmal ein mächtiger König. Er hatte einen prächtigen Palast mit vielen Bediensteten, aber er war nicht sehr glücklich. Er beneidete seinen Kammerdiener, der immer fröhlich war, stets ein Lied auf den Lippen hatte und nie ein verdrießliches Gesicht machte.

Eines Tages fragte ihn der König, was das Geheimnis seines Glücks sei. Der Kammerdiener wusste darauf keine Antwort. Das machte den König sehr wütend und er drohte ihm, dass er ihn köpfen lassen würde, wenn er ihm sein Geheimnis nicht verraten würde. Aber der arme Diener wusste nichts zu sagen und auch die Drohungen halfen nichts.

Da rief der König den weisesten seiner Berater zu sich. Er fragte ihn, warum sein Kammerdiener so fröhlich und glücklich sei.

Der Weise antwortete: »Er ist nicht in dem Kreis der Neunundneunzig.«

»Was soll das bedeuten?«, fragte der König.

»Das kann ich Euch, mein Herrscher, gerne zeigen, aber es wird dazu führen, dass Euer Kammerdiener nicht mehr so glücklich sein wird.«

Der König war zwar neidisch auf seinen Kammerdiener und ärgerte sich, dass er ihm sein Geheimnis nicht entlocken konnte, aber andererseits wollte ihm auch keinen Schaden zufügen.

»Ihr dürft ihm aber keinen Zwang antun!«, befahl er.

»Das werde ich nicht tun. Er wird ganz freiwillig auf sein Glück verzichten«, versprach der Weise.

»Warum sollte er? Das kann ich mir nicht vorstellen« antwortete der König voller Zweifel, aber er war neugierig geworden und erklärte sich damit einverstanden, diesen Versuch zu unternehmen.

»Ich brauche dazu einen Sack mit neunundneunzig Goldmünzen. Den hängen wir an die Tür der Kammer Eures Dieners, mein Gebieter.«

Es geschah, wie der Weise vorgeschlagen hat: An dem Goldsack wurde ein Zettel befestigt, auf dem zu lesen war: »Weil du ein so guter Mensch bist, bekommst du hier die verdiente Belohnung!«

Als der Kammerdiener am nächsten Morgen den Sack mit den Goldmünzen fand, war er außer sich vor Freude. Er schüttete die Goldmünzen auf seinen Tisch und fasste sie immer wieder an, sie glänzten so schön und waren so schwer. Dann begann er sie zu zählen. Er legte immer zehn Münzen aufeinander und machte so eine Säule nach der anderen. Die zehnte Säule war aber nicht komplett. Es fehlte eine Münze. Er suchte unter dem Tisch und in dem Lederbeutel, aber er konnte nirgends die hundertste Münze finden. Dann fing er an sich auszurechnen, wie lange er sparen müsste, um die fehlende Münze zu erwerben. Er kam auf sieben Jahre. Aber, dachte er, wenn ich in der Nacht noch stricke und die Stricksachen verkaufe und wenn ich ein wenig an meinem Essen spare und das dann verkaufe, dann könnte ich die Zeit sicher auf drei Jahre reduzieren.

Und so war der Kammerdiener von diesem Tag an immer müde und hungrig. Er lächelte kaum noch und hatte auch kein Lied auf den Lippen.

Als der Weise den König nach einiger Zeit wie verabredet erneut besuchte, fragte er ihn, ob er jetzt wisse, was der Kreis der Neunundneunzig bedeute. Der König nickte.

»Und wie verlässt man diesen Kreis wieder?«, fragte er den Weisen.

»Das schafft kaum einer«, gab er zur Antwort.

»So merkwürdig es auch klingen mag, das Leben wird heiter und voller Freude genau dann, wenn selbstsüchtiges Vergnügen und persönlicher Erfolg nicht mehr die Ziele sind, von denen man sich leiten lässt.«
                                    Mihaly Csikszentmihalyi

Warum ist es so schwierig, den Kreis der Neunundneunzig zu verlassen? Immer wieder geht es um die Frage, was man als Mensch erreichen will. Wenn man einem Menschen die Wahl lässt zwischen Glücklichsein und Reichtum, dann wählen die meisten Menschen den Reichtum. Wie kommt das? Wollen wir wirklich nicht glücklich sein? Was wollen wir dann mit dem Geld?

Herkunft der Geschichten*

Gestalter seines Lebens sein

Muhammad Yunus: Ein Gestalter bekommt den Friedensnobelpreis. Nach der Autobiografie von Muhammad Yunus: *Für eine Welt ohne Armut.*

Es gibt immer eine Gelegenheit. Nacherzählung einer Geschichte in: *Bits and Pieces*, Ausgabe Oktober 2003, S. 4.

Eine unerwartete Belohnung. Nacherzählung einer Geschichte in: *Bits and Pieces*, Ausgabe Dezember 2005.

Die Lehrerin von Kalkutta. Nacherzählt aus Robin S. Sharma: *The Monk who sold his Ferrari.*

Lieben ist ein Tätigkeitswort. Nach einer Geschichte von S. R. Covey in: *Die sieben Wege zur Effektivität.* Veröffentlicht in Martens: *Mit dem Herzen suchen.*

Kätzchen oder Äffchen? Nacherzählung einer Geschichte in Tiziano Terzani: *Noch eine Runde auf dem Karussell.*

Keine Probleme? Aus Anthony de Mello: *Wer bringt das Pferd zum Fliegen? Weisheitsgeschichten.*

Probleme überwinden

Gut und böse zugleich. Nacherzählung einer Geschichte in Detlev Blenk: *Inhalte auf den Punkt gebracht*, dort zitiert nach Nossrat Peseschkian: *Der Kaufmann und der Papagei.*

Glück oder Unglück? Ein alte chinesische Tao-Geschichte, die ich mehrfach gelesen habe; hier Nacherzählung einer Geschichte in: Marion Lemper-Pychlau: *Durch Selbstcoaching zum Erfolg*; auch enthalten in Detlev Blenk: *Inhalte auf den Punkt gebracht.*

Vom Mut, es zu wagen. Nacherzählung einer Geschichte in: Nossrat Peseschkian: *Der Kaufmann und der Papagei*, zitiert nach Detlev Blenk: *Inhalte auf den Punkt gebracht.*

---

* Soweit nicht anders beschrieben, stammen die Geschichten vom Autor.

Falsches Mitleid. Nacherzählung einer Geschichte in: Detlev Blenk: *Inhalte auf den Punkt gebracht.*

Das »tragische Geschenk« des Jim MacLaren. Erzählt auf Grundlage der Geschichte auf der Homepage von MacLaren: www.jimmaclaren.com.

»Mach jedes Hindernis zu einer Gelegenheit!« Erzählt auf der Grundlage von Lance Armstrong: *It's Not About the Bike.*

Der Sinn von Kummer und Schicksalsschlägen. Nacherzählung einer Geschichte in: Ma Deva Padma: *Osho Zen Trot. Das transzendentale Spiel des Zen.*

»Warum steigen Sie nicht aus?« Nacherzählung einer Geschichte in: Matthias Jung: *Der Kleine Prinz in uns.*

Ein positives Bild von sich selbst entwickeln, eine positive Sicht vom Leben haben

Das Vogelei. Persönliche Erzählung von Francisco Hasenclever.

Irrtum. Nacherzählung einer Geschichte in: Anthony de Mello: *Wer bringt das Pferd zum Fliegen?*

Die Kraft der Liebe. Nach einer Geschichte im Internet: www.wisdomportal.com/Romance/Mendelssohn-Gugenheim.html

Glücklich sein

Ein erfolgreiches Leben. Eine kurze Zen-Weisheit, gefunden an verschiedenen Stellen im Internet. http://gtta.de/index.php/zen-weisheiten

Der Bürgermeister. Persönliche Erzählung von Francisco Hasenclever.

Die zwei Seiten des Schicksals? Erzählung, die auf einem Gespräch mit dem Wirt des Gaushofes »Zur Post« in Wessobrunn basiert.

Peter und der Zauberfaden. Nacherzählung einer Geschichte in: Robin S. Sharma: *The Monk Who Sold His Ferrari.*

Der Kreis der Neunundneunzig. Nacherzählung einer Geschichte in: Jorge Bucay: *Komm, ich erzähl dir eine Geschichte.*

Literatur

Armstrong, Lance: *It's Not About the Bike. My Journey Back to Life*, New York 2001

Blenk, Detlev: *Inhalte auf den Punkt gebracht. 125 Kurzgeschichten für Seminare und Trainings*, Weinheim und Basel 2006

Bucay, Jorge: *Komm, ich erzähl dir eine Geschichte*, Zürich 2005

Carnegie, Dale: *Der Erfolg ist in dir. Wie man in einer sich rasch verändernden Welt mit Menschen umgeht, Probleme löst und sich durchsetzt. Ein Leitbild für den Menschen in Alltag und Beruf*, Bern, München, Wien 1995

Covey, Stephen R.: *Die sieben Wege zur Effektivität. Ein Konzept zur Meisterung Ihres beruflichen und privaten Lebens*, Frankfurt / New York, 1992

Erickson, Milton H.: *Die Lehrgeschichten von Milton H. Erickson*, herausgegeben und kommentiert von Sidney Rosen, Salzhausen 2006

Harrell, Keith: *Attitude is Everything. 10 Life-Changing Steps to Turning Attitude Into Action*, New York 2000

Jung, Mathias: *Der Kleine Prinz in uns. Auf Entdeckungsreise mit Saint Exupéry*, München 2003

Mandela, Nelson: *Long Walk to Freedom. The Autobiography of Nelson Mandela* (Gekürzte Version von Coco Cachalia und Marc Suttner), Braamfontein 2004

Martens, Jens-Uwe: *Einstellungen erkennen, beeinflussen und nachhaltig verändern. Von der Kunst, das Leben aktiv zu gestalten*, Stuttgart 2009

Martens, Jens-Uwe: *Mit dem Herzen suchen. »Der Kleine Prinz« von Saint-Exupéry als Wegweiser durchs Leben*, Köln 2001

Martens, Jens-Uwe und Kuhl, Julius: *Die Kunst der Selbstmotivierung. Neue Erkenntnisse der Motivationsforschung praktisch nutzen*, Stuttgart 2009

Mello, Antony de: *Wer bringt das Pferd zum Fliegen?*, Freiburg 2002

Mello, Antony de: *Zeiten des Glücks*, Freiburg 2002

Padma, Ma Deva: *Osho Zen Trot. Das transzendentale Spiel des Zen*, Freiburg 2002

Peseschkian, Nossrat: *Der Kaufmann und der Papagei*, Frankfurt am Main 1979

Reeve, Christopher: *Immer noch ich. Mein zweites Leben*, München 1999

Saint-Exupéry, Antoine de: *Der Kleine Prinz*, Düsseldorf 1956

Sharma, Robin S.: *The Monk Who Sold His Ferrari*, HarperThorsons Verlag, 2004

Tarnas, Richard: *The Passion of the Western Mind: Understanding the Ideas That Have Shaped Our World View*, New York 1991

Thamm, Marianne: *I Have Life. Alison's Journey as told to Marianne Thamm*, Sandton 1998

Terzani, Tiziano: *Noch eine Runde auf dem Karussell. Vom Leben und Sterben,* Hamburg, 2005

Tolle, Eckhart: *The Power of Now*, London 2001

Yunus, Muhamed: *Für eine Welt ohne Armut. Die Autobiographie des Friedensnobelpreisträgers*, Bergisch Gladbach 2006